宁夏电力市场考试培训系列教材

宁夏电力市场交易

培训题库

国网宁夏电力有限公司　组编

中国电力出版社
CHINA ELECTRIC POWER PRESS

内容提要

本书为宁夏电力市场考试培训系列教材之一，与《宁夏电力市场交易培训教材》配合使用。本书由国网宁夏电力有限公司组织编写，以多年来宁夏电力市场运行的实践经验为基础，旨在提高市场运营机构和各类市场主体人员的理论水平和业务技能，以保障电力市场健康稳定运行。

本书以求同存异、除旧布新为主要思路，包括单选题、多选题、判断题、填空题、简答题和计算题六类题型，涵盖了电力市场经济学基础、电力市场基础知识、国外典型电力市场情况、我国电力市场建设与发展情况、市场主体注册及管理、电力中长期交易、电力现货市场、电力辅助服务市场、电力计量及结算、信息披露、电力交易平台操作等相关内容。

本书可为各级市场运营机构和各类市场主体人员调考、技能比武、知识竞赛提供指导，也可为电力行业其他专业乃至社会各界了解电力交易知识提供参考。

图书在版编目（CIP）数据

宁夏电力市场交易培训题库 / 国网宁夏电力有限公司组编 . -- 北京：中国电力出版社，2024. 11.
ISBN 978-7-5198-9199-2

I. F426.61- 44

中国国家版本馆 CIP 数据核字第 2024RN3187 号

出版发行：中国电力出版社
地　　址：北京市东城区北京站西街 19 号（邮政编码 100005）
网　　址：http://www.cepp.sgcc.com.cn
责任编辑：乔　莉（010-63412535）
责任校对：黄　蓓　王小鹏
装帧设计：郝晓燕
责任印制：吴　迪

印　　刷：固安县铭成印刷有限公司
版　　次：2024 年 11 月第一版
印　　次：2024 年 11 月北京第一次印刷
开　　本：787 毫米 ×1092 毫米　16 开本
印　　张：10.75
字　　数：208 千字
定　　价：68.00 元

编 委 会

前　言

宁夏电网是国家“西电东送”战略最早的重要送端，是国家电网重要送端直流群之一，风光火水多能互补发输变配稳定安全，是典型的“强电网、大送端”。目前宁夏电网已形成750kV“双环网、双联变”骨干网架结构，330/220kV电网分区运行，省间“两通道、四联络”，两大超/特高压直流外送的运行格局，是全国首个外送超过内供的省级电网。区内方面，2023年起，宁夏率先全面启动中长期市场分时段日融合连续运营，所有中长期交易分解至每日24h，中长期市场由电量向电力交易转变，缩短交易周期、增加交易频次、丰富交易品种，实现年、月、旬、日交易周期全覆盖，充分发挥分时段价格机制，拉大峰谷价差，引导用户主动削峰填谷，有效促进新能源消纳和区内电力安全稳定供应。2023年全年完成区内市场化交易电量850.64亿kWh，同比增长12.11%，占售电量87.48%。外送方面，自2011年以来，宁夏电网向华北、华东、华中、西南等区域全力增送，外送已涵盖山东、浙江、上海、江苏、四川、重庆等10余省市，外送电量逐年实现跨越式增长。截至2024年1月，宁夏累计外送电量已突破7000亿kWh，银东直流、灵绍直流利用小时数常年分别维持在7000、6000h以上，直流通道利用小时数均居全国前列，灵绍直流、银东直流宁夏外送占比提升至90%。

为助力全国统一电力市场建设部署，保障市场主体合法权益，保证电力市场统一、开放、竞争、有序运行，同时，提高宁夏市场运营机构和各类市场主体人员的理论水平和业务技能，国网宁夏电力有限公司组织编写了宁夏电力市场交易培训教材和培训题库，建议配合使用。

培训教材主要包括电力市场经济学基础、电力市场基础知识、国外典型电力市场情况、我国电力市场建设与发展情况、市场主体注册及管理、中长期交易、电力现货市场、电力计量及结算、电力辅助服务市场、信息披露、交易平台操作等内容。培训题库包括单选、多选、判断、填空、简答、计算等六类题型，希望对运营机构和各类市场主体人员日常工作有所帮助。

由于编制时间紧、编制人员技术能力有限，如有疏漏之处，请广大读者提出宝贵意见建议，我们将不断改进完善。

编者

2024年8月

目　　录

一、单选题

1.（　）机组的固定成本和运行成本都处在中间水平，通常是一些现有的旧机组。

A. 峰荷　　B. 腰荷　　C. 基荷　　D. 谷荷

2.（　）是指企业增加多少成本才能增加 1 单位的产出。

A. 总成本　　B. 固定成本　　C. 可变成本　　D. 边际成本

3.（　）发电成本是指特定发电机组（企业）在一定时期内发电运行成本耗费的平均水平。

A. 平均　　B. 边际　　C. 最大　　D. 最小

4.（　）是通过比较在一个输电系统内有双边交易和没有双边交易的成本变化而得出。

A. 微增成本法　　B. 边际成本法　　C. 边界潮流法　　D. 合同路径法

5.（　）是指因一种选择而放弃的最好机会的价值。

A. 固定成本　　B. 变动成本　　C. 机会成本　　D. 平均成本

6.（　）主要反映发电厂的固定成本，与发电厂类型、投资费用、还贷利率和折旧方式等相关。

A. 容量电价　　B. 电量电价　　C. 销售电价　　D. 输配电价

7. 边际成本法的缺点是边际成本电价不能保证收支平衡，这是由于边际供电成本与（　）成本有差异而造成的。

A. 平均供电　　B. 固定　　C. 最大供电　　D. 以上都不是

8. 边际成本曲线与平均成本曲线的相交点是（　）。

A. 边际成本曲线的最低点

B. 平均成本曲线的最低点

C. 平均成本曲线下降阶段的任何一点

D. 边际成本曲线下降阶段的任何一点

9. 边际成本与平均成本的关系是（　）。

A. 边际成本大于平均成本，平均成本下降

B. 边际成本小于平均成本，平均成本下降

C. 边际成本大于平均成本，平均成本上升

D. 边际成本小于平均成本，平均成本上升

10. 不属于垄断竞争市场特征的是（　）。

A. 企业生产有差别的同种产品，产品彼此之间都是非常接近的替代品

B. 生产同种产品的企业数量非常多

C. 企业的生产规模较小，进入和退出市场比较容易

D. 市场内从事交易活动的参与者可以完整地掌握市场信息

11. 操纵市场的行为主要有（　）。

A. 经济持留　B. 容量持留　C. 联合串谋　D. 以上都有

12. 差价合约的主要特点不包括（　）。

A. 必须进行物理交割

B. 是双刃剑，可能对冲风险，可能承担风险

C. 本质属于金融合同

D. 不涉及实物商品交换

13. 当企业利润达到最大时必然有（　）。

A. 边际成本小于边际收益

B. 边际成本等于边际收益

C. 边际成本大于边际收益

D. 不一定，因为不同企业、不同市场不一样

14. 当市场均衡时，市场上此类商品的价格称为均衡价格，也称（　）。

A. 市场平均价格　B. 市场出清价格　C. 实时价格　D. 行权价格

15. 电价趋势预测中不需要考虑的因素为（　）。

A. 市场供求关系　B. 电网组织结构

C. 社会经济形势　D. 市场参与者的市场力

16. 电力市场的风险主要表现在（　）。

A. 市场政策变动　B. 市场信息不对称

C. 市场价格波动　D. 以上皆是

17. 对于几乎所有的商品和技术，随着生产要素的增加产量增长的速率都会减小，这种现象称为（　）递减规律。

A. 边际收益　B. 平均收益　C. 总收益　D. 以上都不是

18. 发电量和发电价格由（　）决定，发电成本低的机组在市场中更有竞争优势。

A. 市场竞价　B. 集中撮合　C. 双边交易　D. 单边交易

19. 根据市场竞争的不同程度，电力市场属于（　）类型。

A. 完全竞争　B. 垄断　C. 寡头垄断　D. 不完全竞争

20. 交易员对市场进行技术面分析时不需要考虑（　）。

A. 实物买卖的市场　B. 未平仓合同　C. 交易价格　D. 交易量

21. 商品的（　）是该商品价格水平和需求量之间函数关系的集合图形表示。

A. 供给曲线　B. 需求曲线　C. 供需曲线　D. 价格曲线

22. 商品的价格越高需求量越低，价格越低需求量越高，这种相互依存的负相关关系，被称为（ ）。

A. 价值规律　B. 价格规律　C. 需求规律　D. 供给规律

23. 下列不属于差价合约模式特点的是（ ）。

A. 引入差价合约既可以控制市场价格风险，也能激励企业参与现货市场竞价

B. 物理过程与交易过程分开，系统完全根据竞价结果来优化运行，调度更规范

C. 全部电量竞价、集中调度，输电阻塞问题易于处理

D. 操作简单，系统功能要求不高

24. 下列哪一项不属于可变成本（ ）。

A. 原材料　B. 燃料

C. 按量支付的加工费　D. 厂房租金

25. 需求量对商品自身价格变动的反应程度叫作（ ）。

A. 需求弹性　B. 供需弹性　C. 供给弹性　D. 商品弹性

26. 已知产量为 99 单位时，总成本等于 995 元，产量增加到 100 单位时，平均成本等于 10 元，由此可知边际成本为（ ）。

A.10 元　B.5 元　C.15 元　D.7.5 元

27. 以下关于成本说法正确的是（ ）。

A. 固定成本为不随产量变动的成本

B. 变动成本为随产量变动的成本

C. 边际成本为多生产一单位产品总成本的变化量

D. 以上说法都正确

28. 长期成本要考虑（ ）及劳动两个要素。

A. 产量　B. 地点　C. 投资　D. 商品

29.（ ）是指因商品定价造成的一部分电力用户对另外一部分电力用户的补贴。

A. 交叉补贴　B. 一次性补贴　C. 高温补贴　D. 优惠补贴

30.（ ）是电力市场中以有功功率为交易标的物的市场。

A. 容量市场　B. 辅助服务市场　C. 电能量市场　D. 输电权市场

31. 按照市场结构的划分原则，如果一个行业的供给被少数几个企业控制，属于（ ）市场。

A. 寡头垄断　B. 完全竞争　C. 完全垄断　D. 垄断竞争

32. 澳大利亚、美国的（ ）是市场竞争交易与系统平衡调度兼顾，发电上网电量都必须在实时市场报价和中标。

A. 实时市场　B. 实时平衡市场　C. 日前市场　D. 日内市场

33. 北欧电力市场双边实物交易占总实物交易电量的（ ）左右。

A.20%　B.30%　C.50%　D.80%

34. 将电力需求看作是刚性时，需求曲线是一条与价格轴（　）的直线。

A. 垂直　B. 平行　C. 单调增　D. 单调减

35. 电价是电力（　）的表现。

A. 边际成本　B. 平均成本　C. 商品价值　D. 结算价格

36. 电力用户是指电能的使用者，包括（　）。

A. 独立运行机构　B. 自然人和法人　C. 营销注册用户　D. 企业与个人

37. 电能需要通过输配电网送到用户，所以电力市场交易的载体是（　）。

A. 电网　B. 电厂　C. 售电公司　D. 用户

38. 两部制电价将电价分为两个部分：一部分是以用户用电容量或需量计算的基本电价；另一部分是以用户耗用的电量计算的（　）。

A. 有功电价　B. 无功电价　C. 电度电价　D. 调整电价

39. 用电负荷曲线有着明显的高峰低谷现象，通过划分峰谷时段来确定，（　）促使用户自觉地调整用电方式，通过用户对电价的响应来达到削峰填谷的目的。

A. 季节电价　B. 分时电价　C. 实时电价　D. 阶梯电价

40. 优先购电计划由电网企业按照（　）定价向优先购电用户保障供电。

A. 市场　B. 企业　C. 计划　D. 政府

41.（　）是指在现货电能交易中，按照报价从低到高的顺序逐一成交电力，使成交的电力满足用电负荷需求的最后一个电能供应者（边际机组）的报价。

A. 节点边际电价　B. 系统边际电价　C. 分区边际电价　D. 统一结算点电价

42.（　）通过考虑全网平衡调度与阻塞管理，对市场成员所提交的发用电计划曲线进行调整，即接收竞价和出价。

A. 实时市场　B. 实时平衡市场　C. 辅助服务市场　D. 日前市场

43.（　）负责电力市场运行组织，及时发布市场信息，组织市场交易，根据交易结果制定交易计划。

A. 交易机构　B. 调度机构　C. 电网公司　D. 电力管理委员会

44.（　）是电力需求侧管理的主导者，采取必要的管理措施，可以保证技术、经济措施的有效实施。

A. 电网企业　B. 政府　C. 电力用户　D. 电能服务机构

45.（　）是将分布式发电机组、可控负荷和分布式储能设施有机结合，通过配套的调控技术、通信技术实现各类分布式能源整合调控的载体，以作为一个特殊电厂参与电力市场和电网运行。

A. 负荷聚合商　B. 虚拟电厂　C. 微电网　D. 分布式电源

46.《北京电力交易中心跨区跨省电力中长期交易实施细则》中规定参加市场化交易的电力用户全部电量（包含省内和跨区跨省）需通过批发或者零售交易购买，且不得同时参加批发交易和零售交易。所有参加市场化交易的电力用户均不再执行（　　）。

A. 政府定价　　B. 目录电价　　C. 优惠电价　　D. 峰谷电价

47. 不属于电力辅助服务范畴的是（　　）。

A. 调频　　B. 调峰　　C. 黑启动　　D. 信息发布

48.（　　）普遍适用于传统计划模式，其主要处理方式是发电机组（用户）在供需低谷时段，在电力调度指令下压低发电出力（提高用电功率），相对发（用）电计划欠发（用）的电量在其他时段补足。

A. 调频市场　　B. 调峰市场　　C. 备用市场　　D. 现货市场

49.（　　）电价是指电力生产企业向电网经营企业输送电能的结算价格。

A. 输配　　B. 上网　　C. 销售　　D. 峰谷

50.（　　）负责电力辅助服务的监督与管理。

A. 国家能源局及其派出机构　　B. 当地电力主管部门

C. 交易中心　　D. 电网企业调度机构

51.（　　）是一种非线性电价形式，是指把用户用电量设置为若干分档，分别定价和结算电费，包括递增式和递减式两种形式。

A. 实时电价　　B. 阶梯电价　　C. 分时电价　　D. 电量电价

52.（　　）是指发电企业向电网输送电能的结算价格，也是电网的购入价格，计价点在发电企业与电网的产权分界点。

A. 输电价格　　B. 配电价格　　C. 上网电价　　D. 销售电价

53.（　　）是指在发电企业与购电方进行上网电能结算的价格。

A. 系统边际电价　　B. 节点边际电价　　C. 上网电价　　D. 分区边际电价

54.（　　）是最常用的一种固定成本分摊算法，但缺点是不考虑输电距离的远近，也不能给出符合资源优化配置的激励信号。

A. 兆瓦－千米法　　B. 边界潮流法　　C. 合同路径法　　D. 邮票法

55.（　　）指政府或电力监管机构通过强制配额，要求可再生能源配额的责任主体在生产或销售的电量中有一定比例来自可再生能源发电。

A. 固定补贴制度　　B. 净电表制度

C. 可再生能源配额制度　　D. 固定电价制度

56.《电力辅助服务管理办法》中规定，并网主体参与有偿电力辅助服务时，应根据其提供电力辅助服务的种类和性能，或对不同类型电力辅助服务的差异化需求及使用情况，制定（　　）化补偿或分摊标准。

A. 统一　　B. 差异　　C. 详细　　D. 科学

57.《关于电力交易机构组建和规范运行的实施意见》指出，交易机构应具有与履行交易职责相适应的人、财、物，日常管理运营（　　）。

A. 接受市场主体干预，接受政府监管

B. 不受市场主体干预，不受政府监管

C. 不受市场主体干预，接受政府监管

D. 受市场主体干预，不受政府监管

58.《关于深化燃煤发电上网电价形成机制改革的指导意见》指出，对于（　）机组利用小时严重偏低的省份，可建立容量补机制，容量电价和电量电价通过市场化方式形成。

A. 新能源　　B. 核电　　C. 水电　　D. 燃煤

59.《关于深化燃煤发电上网电价形成机制改革的指导意见》指出，居民、农业用电电量以及不具备市场交易条件或没有参与市场交易的工商业用户电量，由电网企业保障供应，主要通过优先发电计划保障，不足部分由所有参与电力市场的发电企业机组（　）保障。

A. 全额　　B. 按合约　　C. 等比例　　D. 定额

60.《关于深入推进供给侧结构性改革做好新形势下电力需求侧管理工作的通知》指出，支持年用电量超过（　）万千瓦时以上的用户与发电企业开展电力直接交易。

A.200　　B.300　　C.400　　D.500

61.《关于推进电力市场建设的实施意见》中提到要引入市场竞争，打破市场壁垒，无歧视开放电网。具备条件的地区逐步建立以（　）为主、（　）为补充的市场化电力电量平衡机制。

A. 中长期交易、辅助服务交易　　B. 中长期交易、现货交易

C. 年度交易、月度交易　　D. 双边交易、竞价交易

62.《关于推进售电侧改革的实施意见》中鼓励以混合所有制方式发展（　）业务。

A. 售电　　B. 发电　　C. 输电　　D. 配电

63.《国家发展改革委办公厅国家能源局综合司关于加快推进电力现货市场建设工作的通知》指出，按照"谁受益、谁承担"原则，加快推动辅助服务成本向（　）疏导。

A. 发电侧　　B. 电网侧　　C. 用户侧　　D. 以上皆是

64.《国家发展改革委办公厅国家能源局综合司关于加快推进电力现货市场建设工作的通知》指出，现货试点地区，逐步建立（　）的市场机制，在高比例签订中长期合约的基础上，市场主体可根据实际情况灵活确定年度中长期合约电量比例。

A. 放开两头、管住中间　　B. 长协定量、现货定价

C. 中长期 + 现货交易　　D. 双边协商 + 集中竞价

65.《国家发展改革委关于做好 2020 年电力中长期合同签订工作的通知》指出，已参加市场交易又退出的非居民用户，在通过售电公司或再次参与市场交易前，由电网企业承担保底供电责任，但兜底保供的非合同约定电量电价在缴纳输配电价的

基础上，可按照政府核定的居民电价（　）倍执行。

A.1.2 ~ 1.5　　B.1.5 ~ 2　　C.1.2 ~ 2　　D.1.5 ~ 2.5

66. 按照（　）原则核定电网企业收入和各电压等级输配电价。

A. 准许成本加合理收益　　B. 准许成本加微小收益

C. 准许成本加百分比收益　　D. 准许成本加度电收益

67. 按照《关于加快建设全国统一电力市场体系的指导意见》，以下不属于构建适应新型电力系统的市场机制的措施是（　）。

A. 提升电力市场对高比例新能源的适应性

B. 培育多元竞争的市场主体

C. 因地制宜建立发电容量成本回收机制

D. 探索开展绿色电力交易

68. 电价的管理办法，由（　）依照本法的规定制定。

A. 国家电网　　B. 国务院　　C. 物价局　　D. 供电所

69. 电价实行统一政策、统一定价原则，分级管理就是要求电价管理应由（　）。

A. 市政府统一管理　　B. 省政府统一管理

C. 地区统一管理　　D. 国家统一管理

70. 电价政策是国家物价政策的组成部分，也是国家制定和管理电价的（　）。

A. 行为准则　　B. 经济原则　　C. 利益关系　　D. 产业政策

71. 电力市场建设和运行过程中，要充分发挥和加强（　）的市场监管作用。

A. 电网公司　　B. 政府机构　　C. 发电公司　　D. 售电公司

72. 电网企业要通过（　）优先调度落实好优先发电、优先购电计划。

A. 国务院　　B. 电力调度机构　　C. 国家电网　　D. 发电企业

73. 电站投运后首次核定临时容量电价，在经成本调查后核定正式容量电价，并随（　）电网输配电价监管周期同步调整。

A. 国家　　B. 区域　　C. 省级　　D. 南方

74. 对同一电网内的同一电压等级、同一用电类别的用户执行相同的电价（　）。

A. 标准　　B. 分类　　C. 电费　　D. 指标

75. 发电竞争，输电网开放，大用户获得选择权。这种电力市场模式属于（　）。

A. 垄断模式　　B. 单一买方模式

C. 批发竞争模式　　D. 零售竞争模式

76. 发电企业的机组信息变更，涉及物理运行参数信息的，由（　）确认并重新签订并网调度协议，向电力交易机构提供。

A. 电力交易机构　　B. 电力调度机构

C. 电力单位　　D. 交易系统

77. 国家发展改革委和（　）会同有关部门加强对各地发用电计划放开实施方案

制定和具体工作推进的指导和监督。

A. 国家能源局　B. 国务院　C. 国家电网　D. 财政部

78. 国家能源局派出机构和地方政府（　）根据职能依法履行省（区、市）电力中长期交易监管职责。

A. 物价部门　B. 财政部门　C. 司法部门　D. 电力管理部门

79. 跨省跨区专项工程（　）是指电网企业通过跨省跨区专项工程提供跨省跨区电能输送、电网互济和安全保障等服务的价格。

A. 售电价格　B. 输电价格　C. 发电价格　D. 送电价格

80. 跨省跨区专项工程是指以（　）功能为主的跨区域电网工程，以及送受端相对明确、潮流方向相对固定的区域内跨省输电工程。

A. 送电　B. 售电　C. 发电　D. 输电

81. 省间电力现货交易中，（　）由国家批准。

A. 跨省区联络线的输电价格　B. 省级市场边界条件

C. 省间现货出清结果　D. 输电线路检修计划

82. 优先发电、优先购电计划在执行过程中，可根据实际情况进行（　）。

A. 调整　B. 增加　C. 减少　D. 控制

83.（　）是指特定的市场成员有权访问并且不得向其他市场成员公布的数据和信息。

A. 公众信息　B. 公开信息　C. 私有信息　D. 公示信息

84.（　）负责对结算档案管理进行监督和考评。

A. 电力交易机构　B. 北京电力交易中心

C. 电力监管机构　D. 电监会

85.（　）管理是指凡属结算归档范围内的各类资料，均应按要求整理并归档，任何部门和个人不再自行留存。

A. 标准化　B. 信息化　C. 集中化　D. 智能化

86.（　）主要负责组织中长期市场交易，提供结算依据和服务。

A. 市场运营机构　B. 调度中心　C. 电力交易中心　D. 电力市场

87.（　）可以反映市场中的某些参与者所具有的能使交易价格偏离完全竞争性市场下所具有的市场价格水平的能力。

A. 竞争　B. 垄断　C. 寡头　D. 市场力

88.（　）往往会直接通过市场购电，积极参与批发电力市场竞争，有一些还能够对负荷进行控制。

A. 中小用户　B. 大规模用电企业

C. 输电企业　D. 独立系统运营商

89.《电力中长期交易基本规则》规定，对于定期开市和连续开市的交易，交易公告应当提前至少（ ）个工作日发布；对于不定期开市的交易，应当提前至少（ ）个工作日发布。

A.1、3　　B.3、5　　C.3、6　　D.1、5

90.《关于加快推进电力现货市场建设工作的通知》规定，现货试点地区逐步建立“（ ）”的市场机制，在高比例签订中长期合约的基础上，市场主体可根据实际情况灵活确定年度中长期合约电量比例。

A. 长协定价、现货定量　　B. 发电定量、用户定价

C. 发电定价、用户定量　　D. 长协定量、现货定价

91.《关于进一步做好电力现货市场建设试点工作的通知》要求，第二批现货试点要做好本地市场与省间市场的衔接，符合市场化条件的跨省跨区送电量，存量按照每年不少于（ ）的比例放开。

A.0.15　　B.0.2　　C.0.25　　D.0.3

92.《关于进一步做好电力现货市场建设试点工作的通知》引导新能源项目（ ）的预计当期电量通过市场化交易竞争上网。

A.5%　　B.10%　　C.15%　　D.20%

93.《关于全面放开经营性电力用户发用电计划的通知》中明确，积极支持中小用户由（ ）代理参加市场化交易。

A. 电网企业　　B. 发电企业　　C. 售电公司　　D. 政府部门

94.《关于全面放开经营性电力用户发用电计划的通知》中明确，中小用户需与售电公司签订（ ），明确有关权责义务。

A. 代理购电合同　　B. 代理交易合同　　C. 购电合同　　D. 交易合同

95.《关于全面放开经营性电力用户发用电计划的通知》中明确，针对选择参与市场化交易但无法与发电企业达成交易意向的中小用户，过渡期内执行（ ）购电方式，过渡期后执行其他市场化购电方式。

A. 原有　　B. 市场化　　C. 非市场化　　D. 保底

96.《关于做好电力现货市场试点连续试结算相关工作的通知》指出，要加强市场力风险防范，探索市场力的（ ）监控机制。

A. 事前、事中、事后　　B. 事前、事后

C. 事中、事后　　D. 事后

97. 当依据售电公司提供的履约保函额度确定的电量规模与依据其资产总额确定的允许售电量规模不一致时，按两者的（ ）确定其售电规模限额。

A. 较小者　　B. 较大者　　C. 平均值　　D. 均可

98. 电力交易机构（ ）将市场主体强制退出情况生成备案信息，向政府主管部门和能源监管机构备案。

A. 按月　　B. 按季度　　C. 按年　　D. 按天

99. 电力交易机构向各市场成员提供的结算依据不包括以下哪项内容（　）。

A. 实际结算电量

B. 各类交易合同电量、电价和电费

C. 新机组调试电量、电价、电费

D. 政府性基金及附加

100. 发电企业、电力用户和售电企业注册成为合格市场主体进入市场，在（　）年内不可退出，通过市场竞争形成价格。

A.3　　B.4　　C.5　　D.6

101. 发电企业、电网企业进行电费结算时如有不执行国家电价政策、不执行市场规则、擅自改变电价水平和电价机制等行为，（　）有权制止，责令其限期改正，并公示处理结果。

A. 交易机构　　B. 政府相关部门

C. 能源监管机构　　D. 执法机构

102. 发电企业、电网企业应当按照电力企业信息报送有关规定，向（　）报送电费结算情况。

A. 交易机构　　B. 政府相关部门

C. 能源监管机构　　D. 执法机构

103. 发电企业注册生效后，须登录（　）填写发电组默认出力报价参数等交易基本信息。

A. 系统　　B. 交易中心　　C. 交易平台　　D. 用电系统

104. 根据《电力中长期交易基本规则》规定，电力用户或者售电公司关联的用户发生（　）或者（　）等信息变化时，市场主体应当在电网企业办理变更的同时，在电力交易机构办理注册信息变更手续。

A. 并户、销户、过户、改名；用电类别、电压等级

B. 并户、销户、市场主体类别、改名；用电类别、用电物理属性

C. 并户、销户、市场主体类别、法人；用电类别、用电物理属性

D. 并户、销户、市场主体类别、法人；用电类别、电压等级

105. 根据《关于电力交易机构组建和规范运行的实施意见》，交易机构可以采取（　）相对控股的公司制、电网企业子公司制、会员制等组织形式。

A. 发电企业　　B. 电网企业

C. 电力用户　　D. 售电企业

106. 根据《关于推进售电侧改革的实施意见》，拥有配电网经营权的售电公司应取得哪一类电力业务许可证。（　）

A. 经营类　　B. 运行类　　C. 供电类　　D. 输电类

107. 根据《售电公司管理办法》规定，对于在多个省（区、市）开展售电业务的

售电公司，需提交履约保函或保险要求为（　）。

A. 任选一个省（区、市）提交

B. 在标准最高省（区、市）提交

C. 在标准最低省（区、市）提交

D. 在各省（区、市）分别提交

108. 根据《售电公司管理办法》规定，连续（　）个月未进行实际交易的售电公司，将被暂停交易资格。

A.6　　B.9　　C.12　　D.24

109. 根据《售电公司管理办法》规定，连续（　）年未在任一行政区域开展售电业务的售电公司，将被强制退出。

A.1　　B.2　　C.3　　D.4

110. 根据《售电公司管理办法》规定，若售电公司按过去 2 个月内参与批发、零售两个市场交易电量的大值计算履约保障凭证，最低标准为（　）分 / 千瓦时。

A.0.8　　B.1　　C.2　　D.5

111. 根据《售电公司管理办法》规定，售电公司营业执照经营范围必须明确具备（　）。

A. 电力销售、售电或电力供应

B. 能源管理服务

C. 节能管理服务

D. 配电网投资与运营

112. 根据《售电公司管理办法》规定，售电公司在批发市场与零售市场应考虑电力辅助服务费用和阻塞费用等费用，相关盈亏由（　）承担。

A. 售电公司　　B. 电力用户　　C. 发电企业　　D. 电网企业

113. 根据《售电公司管理办法》规定，因触发保底服务对批发合同各方、电力用户造成的损失由（　）承担。

A. 电网企业　　B. 批发合同各方、电力用户

C. 保底售电公司　　D. 拟退出售电公司

114. 根据《售电公司管理办法》规定，中长期模式下，保底零售价格按照电网企业代理购电价格的（　）倍执行，具体价格水平由省级价格主管部门确定。

A.1　　B.1.2　　C.1.5　　D.2

115. 根据售电公司准入条件，需拥有（　）名及以上专业人员，掌握电力系统基本技术、经济专业知识，具备电能管理、节能管理、需求侧管理等能力，有（　）及以上工作经验。

A.10，三年　　B.10，五年　　C.15，三年　　D.15，五年

116. 结算工作人员应于该结算周期最终结算完成后（　）个工作日，将纸质结算

档案资料移交结算档案管理人员。

A.5　　B.15　　C.12　　D.20

117. 考虑市场化电费差错退补有滞后性，电力交易机构在售电公司退出后保留其履约保函（　）个月，期满退还。

A.3　　B.6　　C.9　　D.12

118. 售电公司是指在（　）向电力用户销售电力的售电企业。

A. 准许经营的区域内　　B. 电网经营区内

C. 公司注册所在省　　D. 公司注册所在区域

119. 售电公司与电力用户按照（　）为最小单位签订合同。

A. 月　　B. 周　　C. 季度　　D. 年

120. 售电公司与其市场化零售电力用户的结算及偏差调整费用，由（　）根据与电力用户的购售电合同约定进行。

A. 售电公司　　B. 电网企业　　C. 发电企业　　D. 交易中心

121. 输电损耗在输电价格中已明确包含的，不再单独收取；未明确的，暂按该输电通道前（　）年输电损耗的平均值计算，报国家能源局备案后执行。

A.1　　B.2　　C.3　　D.4

122. 外部人员因需要查阅结算档案的，须经（　）分管领导批准后方可查阅。

A. 电力交易机构　　B. 电力监管机构

C. 电监会　　D. 国家能源局

123. 下列不属于结算档案材料的组成部分的是（　）。

A. 基础性　　B. 集中性　　C. 支撑性　　D. 结果性

124. 以下不属于独立售电公司的基本权利和义务的是（　）。

A. 按规则参与电力市场交易

B. 签订和履行购售电合同、输配电服务合同

C. 按规定披露和提供信息，获得市场交易和输配电服务等相关信息

D. 获得公平的输配电服务和电网接入服务

125. 拥有配电网运营权的售电公司的生产运行负责人、技术负责人、安全负责人应具有（　）以上与配电业务相适应的经历，具有中级及以上专业技术任职资格或者岗位培训合格证书。

A. 两年　　B. 三年　　C. 五年　　D. 六年

126. 建立责任偏差电量结算机制，按照（　）的方式，对跨区跨省交易合同曲线与调度执行曲线之间的偏差进行结算。

A. 月度结算　　B. 日清月结　　C. 月内结算　　D. 按年结算

127.（　）结算用于描述中长期合同的分解与结算。

A. 合约电能　　B. 日前电能　　C. 日内电能　　D. 实时电能

128.（ ）负责提供电网企业跨区跨省交易、发电企业直接通过联络线外送的结算依据。

A. 国调中心　　B. 电力交易中心

C. 电力市场管理委员会　　D. 北京电力交易中心

129.（ ）交易中，市场主体通过电力交易平台申报分时段电量、价格等信息，以申报截止前最后一次有效申报作为最终申报。

A. 集中竞价　　B. 双边协商　　C. 跨区跨省　　D. 外送

130.（ ）交易中，为避免市场操纵以及恶性竞争，可对报价或者出清价格设置上、下限。

A. 滚动撮合　　B. 集中竞价　　C. 挂牌　　D. 双边协商

131.（ ）交易中，在规定的起止时间内，市场主体随时申报购、售电信息，电力交易平台按"时间优先、价格优先、清洁能源优先、节能环保优先"的原则撮合成交。

A. 集中竞价　　B. 报价撮合　　C. 滚动撮合　　D. 双边协商

132.（ ）通过电力交易平台发布月度双边协商交易公告。

A. 国调中心　　B. 电力交易中心

C. 北京电力交易中心　　D. 国家能源局

133.（ ）为西北各省（区）中长期跨省跨区月度交易外送均价（出省价），如未开展跨省跨区中长期月度外送交易，则按最近一个月度跨省跨区中长期外送月度交易均价确定。

A. 基本外送价格　　B. 基本出省价格

C. 基本购电价格　　D. 基本价格

134.（ ）应当及时足额向纳入国家补贴范围的可再生能源发电企业转付中央财政等补贴。

A. 政府机构　　B. 电网企业

C. 交易机构　　D. 金融机构

135.《电力现货市场信息披露办法（暂行）》所称市场主体是指参与电能量买卖或者（ ）的市场成员。

A. 月度交易　　B. 辅助服务买卖

C. 日前交易　　D. 合同转让交易

136.《电力现货市场信息披露办法（暂行）》所称信息披露是指信息披露主体提供、发布与（ ）相关信息的行为。

A. 电能量交易　　B. 中长期市场交易

C. 电力现货市场　　D. 辅助服务市场交易

137.《电力中长期交易基本规则》中，跨省跨区交易结算，由组织该交易的机构会同受端（ ）向市场成员出具结算依据。

A. 能源局　　B. 电力交易机构
C. 电网企业　　D. 电力调度机构

138. 按照交易方的数量划分，电力市场中的合同可以分为（ ）。

A. 长期合同和短期合同　　B. 现货合同和期货合同
C. 基本服务合同和辅助服务合同　　D. 双边合同和多边合同

139. 按照交易时间的维度，电能量批发市场按其（ ），通常可分为电力现货市场和电能量中长期市场（专指实物交易属性的电力中长期市场）。

A. 交易方式　　B. 交易周期　　C. 成交电量　　D. 交易对象

140. 北京电力交易中心（ ）负责所属区域省间及其直接结算发电企业的结算档案管理工作。

A. 技术部　　B. 结算部
C. 交易三至七部　　D. 核算部

141. 北京电力交易中心每（ ）向国家发展改革委、国家能源局报送电力市场交易信息报告。

A. 周　　B. 月　　C. 季度　　D. 年

142. 北京电力交易中心在月度交易计划中明确输电通道上各项交易合同的（ ）。

A. 执行顺序　　B. 执行时间　　C. 执行计划　　D. 执行方案

143. 边际电价出清中，卖方报价从低到高、买方报价从高到低排序形成卖方、买方曲线，曲线（ ）对应市场统一出清价格和成交电量。

A. 交点　　B. 最高点　　C. 最低点　　D. 起点

144. 不属于中长期交易的是（ ）。

A. 远期交易　　B. 期货交易　　C. 期权交易　　D. 现货交易

145. 采用集中竞价交易方式时，由相应（ ）提出，对购电方和售电方报价可实行最高限价和最低限价。

A. 电力市场管理委员会　　B. 调度机构
C. 电力交易中心　　D. 地方政府相关部门

146. 参与交易市场主体还需考虑其完成月度合同电量后的（ ），不得超过其自身发电能力上限。

A. 交易空间　　B. 剩余空间　　C. 剩余通道　　D. 所有通道

147. 参与批发市场的电力大用户可在合同期满的下一（ ）选择参与零售市场交易。

A. 日　　B. 月　　C. 年度　　D. 小时

148. 除国家相关政策另有规定外，抽蓄电量交易电费应结算至参与交易的（ ）。

A. 发电企业　　B. 调度机构　　C. 抽蓄电站　　D. 电力交易中心

149. 从电力市场交易时间长短划分，电力市场分为（ ）。
A. 批发市场和零售市场　B. 实物市场和金融市场
C. 中长期市场和现货市场　D. 单边市场和双边市场
150. 从电力市场交易数量和额度划分，电力市场分为（ ）。
A. 批发市场和零售市场　B. 实物市场和金融市场
C. 中长期市场和现货市场　D. 单边市场和双边市场
151. 单向报价难以匹配时，开展（ ）和保底供电受入交易。
A. 优先消纳送出交易　B. 单向报价匹配出清交易
C. 保底供电受入交易　D. 日前实时双边交易
152. 当售电方报价曲线与购电方报价曲线有交叉，交叉点对应的价格为（ ）。
A. 边际出清价格　B. 实际价格　C. 用电价格　D. 结算电价
153. 点对网专线输电的发电机组视同为（ ）发电机组。
A. 受电地区　B. 省内　C. 区域　D. 省外
154. 电费结算有关事项应当在（ ）中予以明确。
A. 并网协议　B. 购售电合同　C. 交易合同　D. 交易公告
155. 电力批发市场的市场成员不包括（ ）。
A. 电力交易机构　B. 电力调度机构　C. 居民用户　D. 发电企业
156. 电力中长期交易各承担消纳责任的市场主体参与电力市场交易时，应当向电力交易机构做出履行可再生能源电力消纳责任的（ ）。
A. 申请　B. 承诺　C. 备案　D. 登记
157. 电力中长期市场是以多年、年、季度、月、周、多日等时间维度开展的（ ）交易。
A. 电能量市场　B. 容量市场　C. 电力批发　D. 输电权市场
158. 电能量市场是指以（ ）为交易标的物的市场。
A. 电能量　B. 电流　C. 电压　D. 电价
159. 电能量市场是电力市场中以（ ）为交易标的物的市场。
A. 无功功率　B. 有功功率　C. 视在功率　D. 额定功率
160. 电能量市场是针对（ ）进行交易的市场。
A. 电力　B. 电量　C. 无功电能量　D. 有功电能量
161. 电能量市场与辅助服务市场采用独立出清的方式，机组 A 的铭牌装机容量为 600MW，当日报调度最大发电能力为 580MW，若辅助服务市场已中标容量为 100MW，则其参与电能量市场出清可能中标（ ）。
A.480MW　B.580MW　C.500MW　D.600MW
162. 电能量市场中买卖双方交易的对象是（ ）。
A. 电网　B. 电能　C. 电压　D. 辅助服务

163. 短期交易单向报价匹配出清机制采用（ ）。

A. 挂牌交易　　B. 集中竞价交易

C. 持续滚动　　D. 报价撮合法

164. 短期交易单向报价匹配出清机制采用（ ）的方式实现省间结算。

A. 日清日结　　B. 月清月结　　C. 日清月结　　D. 日结月清

165. 对于风电、光伏发电企业处于相同运行状态的不同项目批次共用计量点的机组，可按照（ ）比例计算各自上网电量。

A. 额定容量　　B. 实际容量　　C. 平均容量　　D. 最小容量

166. 对于年度交易，应当在年度电力电量预测平衡的基础上，结合检修计划，按照不低于关键通道可用输电容量的（ ）下达交易限额。

A.70%　　B.80%　　C.90%　　D.95%

167. 对于双边协商交易，交易日是指（ ）双边协商交易合同的日历日。

A. 签订　　B. 提交　　C. 确认　　D. 交割

168. 发电企业由于自身原因机组停运，但签订了售电合同，需要向其他发电企业购买电量，这是（ ）。

A. 发电合同转让交易　　B. 用电合同转让交易

C. 差价合约交易　　D. 辅助服务交易

169. 发电企业与（ ）应当按照有关要求签订购售电合同，未签订购售电合同的，不得进行电费结算。

A. 电网企业　　B. 交易机构　　C. 电力用户　　D. 售电公司

170. 发电市场细分的依据是电力使用对象和（ ）。

A. 容量因素　　B. 投资因素　　C. 规划因素　　D. 时间因素

171. 非直购电厂是指与（ ）进行交易结算的发电企业。

A. 省级交易机构　　B. 总分部

C. 市级电力机构　　D. 地市级电力公司

172. 风电、光伏发电量参与市场交易，结算涉及中央财政补贴时，按照（ ）执行。

A.《可再生能源电价附加资金管理办法》

B.《可再生能源电价管理办法》

C.《电价管理办法》

D.《可再生能源管理办法》

173. 符合市场化条件的跨省跨区送电量，存量按照每年不少于（ ）的比例放开，增量积极推进放开。

A.10%　　B.15%　　C.20%　　D.30%

174. 根据《北京电力交易中心跨区跨省电力中长期交易实施细则》，年度中长期交易分月电量及电力曲线及月度各类交易须（ ）进行安全校核。

A. 按申报时间　　B. 按交易电量大小

C. 按先年度再月度　　D. 同时

175. 根据《电力中长期交易基本规则》规定，不属于电网企业的权利和义务是（ ）。

A. 保障电网及输配电设备安全稳定运行

B. 收取输配电费，代收代付电费和政府性基金及附加等

C. 预测非市场用户的电力、电量需求等

D. 按照规则组织电力市场交易，并负责交易合同的汇总管理

176. 根据《电力中长期交易基本规则》规定，发电侧上下调预挂牌机制采用（ ）。

A. 报量不报价　　B. 报价不报量

C. 报价又报量　　D. 以上选项都不对

177. 根据《电力中长期交易基本规则》规定，无正当理由退市的电力用户，保底电价按（ ）执行。

A. 政府核定的目录电价的 1.5 倍执行

B. 低于政府核定的目录电价

C. 政府核定的目录电价的 1.2 ~ 2 倍执行

D. 政府核定的居民电价

178. 根据《电力中长期交易基本规则》规定，已经选择市场化交易的发电企业和用户，有以下情形之一的可以办理退市手续（ ）。

A. 市场主体无意愿参与市场购售电

B. 市场主体不再继续参加市场

C. 因电网网架调整，导致发电企业、电力用户的发用电物理属性无法满足所在地区的市场准入条件

D. 市场主体注册信息发生变更

179. 根据《电力中长期交易基本规则》规定，以下（ ）不是电力调度机构的权利和义务。

A. 保障电网以及输配电设施的安全稳定运行

B. 合理安排电网运行方式，保障电力交易结果的执行

C. 披露支撑市场化交易以及市场服务所需的相关数据

D. 向交易机构提供安全约束边界等数据

180. 根据《电力中长期交易基本规则》规定，以下不是电力市场成员的有（ ）。

A. 发电企业　　B. 电力调度机构

C. 电力交易机构　　D. 政府机构

181. 根据《电力中长期交易基本规则》规定，优先发电电量和基数电量又被视为（ ）。

A. 厂网双边协商电量　　B. 发用双边交易电量

C. 厂网双边交易电量　　D. 中长期交易电量

182. 根据《电力中长期交易基本规则》规定，中长期电能量交易包括（ ）和双边协商交易两种方式。

A. 集中竞价交易　　B. 滚动撮合交易

C. 集中交易　　D. 挂牌交易

183. 根据《可再生能源电价附加补助资金管理办法》有关要求，对于纳入可再生能源发电补贴清单范围的项目，全生命周期补贴电量内所发电量，按照上网电价给予补贴，补贴标准 =（ ）。

A.（可再生能源标杆上网电价 – 当地燃煤发电上网基准价）/（1+ 增值税率）

B. 可再生能源标杆上网电价

C. 可再生能源标杆上网电价 – 当地燃煤发电上网基准价

D. 当地燃煤发电上网基准价

184. 根据《售电公司管理办法》规定，电力中长期交易指发电企业、售电公司等市场主体，通过（ ）等市场化方式开展的电力批发交易。

A. 集中竞价、滚动撮合　　B. 集中竞价、双边协商

C. 集中交易、双边协商　　D. 挂牌交易、双边协商

185. 根据《关于完善跨省跨区电能交易价格形成机制有关问题的通知》，跨省跨区专项输电工程降价形成的资金在送电方、受电方之间按照（ ）比例分享。

A.1：1　　B.1：2　　C.2：1　　D.2：3

186. 根据市场交易情况，由（ ）统一组织年度挂牌交易，根据剩余通道输电能力，确定挂牌交易总量上限 。

A. 北京电力交易中心　　B. 国调中心

C. 电力交易中心　　D. 国家能源局

187. 挂牌市场主体申报总电量或电力不得超过（ ）能力或其他约束下挂牌要求。

A. 关键通道　　B. 剩余通道　　C. 相关通道　　D. 所有通道

188. 国网西北分部根据各省（区）申报的单向外送量价和单向购电量价进行集中匹配，当多个购电价和外送价均可匹配时，按照（ ）出清。

A. 挂牌交易　　B. 集中竞价交易

C. 持续滚动　　D. 报价撮合法

189. 合同电量滚动调整，可采用发电侧合同电量按（ ）滚动调整，用户侧合同电量月结月清或者按月滚动调整。

A. 日　　B. 周　　C. 月　　D. 旬

190. 合同电量滚动调整机制可采用（　）合同电量按月滚动调整。

A. 发电侧　B. 供电侧　C. 用户侧　D. 配电侧

191. 机组发电成本测算应综合考虑多种因素，以下哪一项不是发电成本测算需要考虑的因素。（　）

A. 机组类型　B. 容量级别　C. 发电能耗　D. 所属调度机构

192. 集中竞价中发电企业报价需要考虑的成本不包括（　）。

A. 燃料成本　B. 启动成本　C. 空载成本　D. 时间成本

193. 建立基于基本价格的短期交易价格浮动机制，基本价格根据（　）市场价格形成，各省（区）按要求定期报送。

A. 周　B. 月度　C. 季度　D. 年度

194. 将燃煤发电市场交易价格高耗能企业市场交易电价不受上浮（　）限制。

A. 5%　B. 10%　C. 15%　D. 20%

195. 开展月度双边协商和集中交易，市场主体须签订（　）。

A. 购售电合同　B. 电力曲线合同

C. 优先发电计划合同　D. 输配电服务合同

196. 考虑到电力系统运行的各种不确定性，在进行年、月安全校核时，应留出一定的（　）空间。

A. 通道传输能力　B. 剩余通道

C. 可用输电容量　D. 可用通道

197. 可再生能源电力消纳保障机制规定承担消纳责任的市场主体不包括（　）。

A. 配售电企业　B. 发电企业　C. 电力用户　D. 电网企业

198. 可再生能源配额制下的电力消纳责任权重，定义为可再生能源电力总量消纳责任权重和（　）可再生能源电力消纳责任权重两个品种。

A. 光伏发电　B. 风力发电　C. 生物质发电　D. 非水电

199. 跨区跨省交易按照自愿参与的原则组织开展，购售双方通过（　）确定成交价格，第三方不得干预。

A. 集中单价交易　B. 协商　C. 挂牌交易　D. 市场化交易

200. 跨区跨省交易依据细则开展，结合（　）执行。

A. 交易方式　B. 交易公告　C. 交易平台　D. 交易合同

201. 跨区跨省交易应按（　）约定曲线执行。

A. 交易合同　B. 电力交易平台　C. 电力市场　D. 电力调度机构

202. 跨区跨省偏差结算费用，由各省省内市场主体按照（　）原则进行分摊。

A. 谁受益、谁担责　B. 价格优先

C. 清洁能源优先　D. 节能环保优先

203. 跨省跨区专项工程实际输电量按（　）结算电量进行统计确认，结算电量应与（　）物理电量保持一致。

A. 落地端、送出端　　B. 送出的、落地端

C. 送出端、送出端　　D. 落地端、落地端

204. 跨省跨区专项输电工程实际利用小时超出核价利用小时产生的收益，（　）由电网企业分享，（　）由国家发改委专项用于支持新能源跨省跨区外送。

A.10%，90%　　B.20%，80%　　C.30%，70%　　D.40%，60%

205. 联络线波动偏差电量交易售电价按照外送省火电基准电价上浮（　），叠加外送省输电价确定。

A. 10%　　B. 20%　　C. 25%　　D.30%

206. 绿电交易中绿证由（　）划转至电力用户。

A. 电网企业　　B. 电力交易中心

C. 国家可再生能源信息管理中心　　D. 发电企业

207. 绿色电力交易的交易方式不包括（　）。

A. 替代交易　　B. 双边协商

C. 集中撮合　　D. 摘挂牌交易

208. 明确优先发电的形式采用“保量保价”和“（　）”相结合的方式。

A. 保量限价　　B. 保量不保价

C. 不保量保价　　D. 保量竞价

209. 强制退出后，未转让成功的，场内交易成交量由电力交易机构强制处置，如产生负收益，由（　）承担。

A. 退出的售电公司　　B. 电力交易机构

C. 发电企业　　D. 售电公司

210. 燃煤发电市场交易价格浮动范围现在是（　）。

A. 上浮不超过 10%

B. 下浮原则上不超过 15%

C. 上下浮动原则上均不超过 20%

D. 上下浮动原则上均不超过 15%

211. 日前实时双边交易难以达成意向时，采取（　），根据购售电省份供需，实现自动匹配出清。

A. 优先消纳送出交易　　B. 单向报价匹配出清交易

C. 保底供电受入交易　　D. 日前实时双边交易

212. 若调度计划调整，则以国调中心提供的日前初始计划和实际执行计划及调整原因，由（　）进行偏差责任认定，购售双方交易最终合同曲线作为偏差结算依据。

A. 调度机构　　B. 电力交易中心

C. 北京电力交易中心　　D. 电力市场管理委员会

213. 市场调节类费用纳入市场运营费用管理，其中，新能源超额获利回收费用有所有发电企业按（ ）比例返还。

A. 合同电量　　B. 上网电量　　C. 发电量　　D. 折减电量

214. 受端省份跨区跨省通道的结算关口计量点一般设在跨区跨省输电通道的（ ）。

A. 电力交易中心　　B. 下网关口　　C. 可用通道　　D. 上网关口

215. 下列哪一项不是省内发电企业与省外发电企业进行的发电权交易（ ）。

A. 水电—火电置换交易　　B. 风电—火电置换交易

C. 光伏—火电置换交易　　D. 风电—水电置换交易

216. 下列哪一项不属于参与电力市场交易的用户购电价格组成部分（ ）。

A. 市场交易价格　　B. 输配电价　　C. 政府性基金　　D. 发电企业成本

217. 新能源大发月份的售电价格以基本外送价格为基准下浮（ ）。

A. 8%　　B. 9%　　C. 10%　　D. 11%

218. 新能源与常规能源发电企业的发电权交易一般采用（ ）。

A. 报价撮合法　　B. 边际电价法　　C. 双边协商法　　D. 一方挂牌法

219. 新投产发电机组的调试电量按照（ ）电价政策进行结算。

A. 调试　　B. 计划　　C. 统一　　D. 市场

220. 一般情况下，月度挂牌交易可随（ ）同时开展。

A. 集中竞价交易　　B. 双边协商　　C. 一方挂牌　　D. 撮合成交

221. 依据《北京电力交易中心跨区跨省电力中长期交易实施细则》，集中竞价交易申报曲线和出清序列按照计算后的售电方报价由低到高排序，形成售电方申报曲线或出清序列；原则上，计算后的售电方报价相同时，按照“（ ）”的顺序出清；上述条件相同时，按申报电量等比例分配预成交电量。

A. 时间优先、节能环保优先

B. 清洁能源优先、节能环保优先

C. 时间优先、清洁能源优先

D. 节能环保优先、清洁能源优先

222. 依据《北京电力交易中心跨区跨省电力中长期交易实施细则》，跨区跨省电力中长期交易中，电网企业依据（ ），作为购电方，签订厂网间优先发电合同及跨区跨省交易合同；作为输电方，签订和履行交易合同。

A. 跨省跨区优先发电计划　　B. 交易计划

C. 剩余通道输电能力　　D. 计划分配电量

223. 依据《北京电力交易中心跨区跨省电力中长期交易实施细则》，以跨区跨省优先发电计划作为边界，开展年度双边协商交易、集中交易，市场主体须签订电力曲线合同或明确曲线形成原则，原则上，（ ）优先其他市场化交易组织。

A. 政府间协议　　B. 交易间协议　　C. 调度间协议　　D. 市场主体间协议

224. 依据《北京电力交易中心跨区跨省电力中长期交易实施细则》，在挂牌交易期间，原则上，如果同一笔挂牌意向被多个市场主体摘牌，原则上按照摘牌“（ ）”原则依序形成交易合同。

A. 时间优先　B. 价格优先　C. 清洁能源优先　D. 节能环保优先

225. 依据《关于进一步完善煤炭市场价格形成机制的通知》（发改价格〔2022〕303 号），引导煤、电价格主要通过（ ）形成。

A. 政府定价　B. 自主协商　C. 现货交易　D. 中长期交易

226. 已参与市场交易、改为电网企业代理购电的用户，其价格按电网企业代理其他用户购电价格的（ ）倍执行。

A.1.5　B.2　C.2.5　D.3

227. 已直接参与市场交易在无正当理由情况下改由电网企业代理购电的用户，拥有燃煤发电自备电厂、由电网企业代理购电的用户，用电价格由电网企业代理购电价格的（ ）倍、输配电价、政府性基金及附加组成。

A.1　B.1.5　C.2　D.3

228. 以下有关电力中长期交易的描述，不正确的是（ ）。

A. 有利于规避市场风险

B. 与现货市场相互替代和竞争，有效抑制市场力

C. 同集中交易相比，交易成本低且交易自由

D. 不利于规模小的或者新出现的市场主体

229. 因售电省原因（供给）产生的不平衡电量，售电价格以基本外送价格为基准下浮（ ），购电价格以考虑国网西北分部输电费计算确定。

A. 5%　B. 6%　C. 7%　D. 8%

230. 影响批发市场主体中长期交易收益的因素不包含（ ）。

A. 中长期不平衡费用分摊办法　B. 交易曲线

C. 交易量、价　D. 交易品种

231. 拥有燃煤自备电厂的企业按照国家有关规定承担政府性基金及附加、政策性交叉补贴、普遍服务和社会责任，按约定向电网企业支付（ ）。

A. 系统备用费用　B. 输配电价

C. 并网费用　D. 设备维护费

232. 原则上，跨区跨省交易按照合同约定（ ）执行，交易执行优先级应与安全校核调减原则保持一致。

A. 曲线　B. 通道传输能力

C. 可用通道　D. 可用电容量

233. 月度挂牌交易根据市场交易情况，由北京电力交易中心统一组织月度挂牌交易，根据（ ）输电能力确定挂牌交易上限。

A. 交易空间　　B. 剩余空间　　C. 所有通道　　D. 剩余通道

234. 月内交易主要以（　）交易方式开展。

A. 双边协商　　B. 集中　　C. 一方挂牌　　D. 撮合成交

235. 月内交易组织月内交易按照“（　）”的原则组织，包括电能量交易与合同交易。

A. 价格优先　　B. 清洁能源优先　　C. 节能环保优先　　D. 时间优先

236. 在国家电网经营区域内，由（　）负责组织跨省、跨区交易，并出具结算依据。

A. 北京电力交易中心　　B. 国家能源局派出机构

C. 国家发展改革委　　D. 售电省电网企业

237. 在优先安排优先发电合同输电容量的前提下，鼓励发电企业、电力用户、售电公司利用剩余输电容量直接进行（　）。

A. 区域内交易　　B. 省内交易　　C. 跨区跨省交易　　D. 跨省交易

238. 在优先安排优先发电合同输电容量的前提下，鼓励发电企业、电力用户、售电公司利用剩余输电容量直接进行（　）交易。

A. 省内　　B. 跨省　　C. 跨区跨省　　D. 区域内

239. 直购电厂是指直接与（　）进行交易结算的发电企业。

A. 省级交易机构　　B. 总分部

C. 市级电力机构　　D. 地市级电力公司

240. 中长期市场主体包括符合准入条件并完成准入注册的发电企业、售电公司、（　）和辅助服务独立提供者等。

A. 批发用户　　B. 零售用户　　C. 工商业用户　　D. 电力用户

241.（　）反映全市场的电力供需情况。

A. 网络阻塞价格　　B. 系统电能价格　　C. 节点电价　　D. 固定电价

242.（　）是市场中某时间点、某地点电力消费每增加 / 减少单位负荷所增减的成本。

A. 节点边际电价　　B. 网络阻塞价格　　C. 系统电能价格　　D. 节点电价

243.（　）是一个行业中各市场主体所占行业总收入或总资产百分比的平方和。

A. 绝对集中度指数　　B.HHI 指数

C. 熵指数　　D. 洛伦兹曲线

244.（　）是在给定的极短时段内向用户提供电能的边际成本，该电价不仅随时间变化，而且区分节点位置。

A. 实时电价　　B. 容量电价　　C. 峰谷电价　　D. 合约电价

245.（　）指数又称垄断力指数，采用市场实际电价与理想竞争电价（发电边际成本）的偏差程度来衡量市场垄断程度。

A. 勒纳指数（LI）　　B. 生产缺口系数

C. 赫芬达尔－赫希曼指数（HHI）　　D. 三寡头测试指标

246.（　）是在满足当前输电网络设备约束条件和各类其他资源的工作特点的情况下，在某一节点增加单位负荷需求时所需要增加的成本。

A. 容量电价　　B. 节点边际电价

C. 分区电价　　D. 系统边际电价

247.（　）为当前时刻的下一个 15min（或 5min、10min）的负荷预测，可以延伸至未来 6h，也称为日内负荷预测，主要用于实时调度和自动控制。

A. 超短期负荷预测　　B. 短期负荷预测

C. 中期负荷预测　　D. 长期负荷预测

248.（　）等于在节点上增加单位兆瓦的负荷时，系统以最经济的手段满足该负荷需求所增加的购电成本。

A. 节点电价　　B. 区域电价　　C. 出清电价　　D. 区域电价

249.（　）根据实际上网电量、实际用电量与日前市场出清电量的差值做偏差结算。

A. 年度长协　　B. 月度长协　　C. 日前市场　　D. 实时市场

250.（　）更能反映市场供需关系。

A. 节点边际电价　　B. 系统边际电价　　C. 分区边际电价　　D. 统一边际电价

251.（　）将电能量与调频、备用等同时段交易获取的辅助服务放在统一的数学模型中集中优化，求解得到满足系统安全运行约束的最经济的出清结果。

A. 独立出清模式　　B. 边际出清模式

C. 高低匹配出清模式　　D. 联合出清模式

252.（　）模式适用于阻塞频繁发生在部分输电断面的地区。

A. 节点边际电价　　B. 系统边际电价　　C. 分区边际电价　　D. 统一边际电价

253.（　）是为了保障那些不可撤销输电协议的顺利执行而预留的。

A. 可用输电容量　　B. 输电可靠性裕度

C. 现有输电协议　　D. 容量效益裕度

254.（　）是指当电网存在输电阻塞时，按阻塞断面将市场分割成几个不同的区域（即价区），并以各区域内边际机组的申报价格作为相应区域市场出清价格。

A. 系统边际电价　　B. 节点边际电价　　C. 上网电价　　D. 分区边际电价

255.（　）是指通过支付一定的费用，拥有在电网中某一传输元件或某一传输断面上输送一定功率的权利。

A. 物理输电权　　B. 金融输电权

C. 容量市场　　D. 辅助服务市场

256.（　）是指在保证电力系统安全可靠的前提下，最优安排各类电力资源的运行，以最低成本满足电力供需平衡。

A. 机组组合　　B. 电力系统经济调度
C. 安全约束经济调度　　D. 安全约束机组组合

257.（　）是指在现货电能交易中，为满足某一电气节点增加单位用电负荷导致的系统总电能供给成本的增加量。

A. 系统边际电价　　B. 节点边际电价
C. 上网电价　　D. 分区边际电价

258.《关于深化电力现货市场建设试点工作的意见》中指出，要合理选择现货市场价格形成机制，对于电网阻塞线路多、阻塞成本高的地区，可选择（　）电价机制。

A. 统一结算电价　　B. 节点边际电价
C. 分区边际电价　　D. 系统边际电价

259.《关于组织开展电网企业代理购电工作有关事项的通知》中，自2022年1月起，电网企业通过参与场内集中交易的方式代理购电，以（　）方式参与市场出清。

A. 报量报价　　B. 报量不报价
C. 报量竞价　　D. 不报量报价

260. 边际电价出清的原则是按照交易成交顺序以（　）交易的成交电价作为所有交易的出清电价。

A. 第二笔　　B. 倒数第二笔
C. 最后一笔　　D. 第一笔

261. 边际机组形成率是通过市场行为来判断（　）的一个重要指标。

A. 市场价格　　B. 市场电量　　C. 成交时段　　D. 市场力

262. 不考虑固定成本的电能量市场中，边际发电成本等于市场价格的机组是（　）。

A. 盈利　　B. 亏损
C. 既不盈利也不亏损　　D. 视情况而定

263. 不同电力市场模式下，均应在保证安全、高效、环保的基础上，按（　）建立现货交易机制，发现价格，引导用户合理用电，促进发电机组最大限度提供调节能力。

A. 时间优先原则　　B. 成本最小原则
C. 效益优先原则　　D. 收益最高原则

264. 成交价格约束是对以下哪些交易品种设置的市场成交价格上下限（　）。

A. 双边协商交易、挂牌交易
B. 集中竞争交易、基数合约交易

C. 双边协商交易、挂牌交易、集中竞争交易、基数合约交易

D. 双边协商交易、挂牌交易、集中竞争交易

265. 从市场周期来看，电力现货市场结算可包括日前市场结算、日内市场结算、( )，以及与现货市场配套的中长期市场结算。

A. 盈余与平衡结算 B. 实时市场结算

C. 成本补偿结算 D. 需求侧响应结算

266. 从市场组织时序来看，电力现货市场运营按照信息发布、( )、( )、( )、( )、交易结果执行、交易结算等业务环节开展。

A. 交易申报，市场出清，安全校核，出清结果发布

B. 市场出清，交易申报，安全校核，出清结果发布

C. 交易申报，安全校核，市场出清，出清结果发布

D. 安全校核，市场出清，交易申报，出清结果发布

267. 当发电企业参与电能的实时市场交易时，如果市场价格( )电能的影子价格，该发电企业就应该以市场价格确定各机组的出力，而在市场中购买自身发电量不足的部分。

A. 高于 B. 低于 C. 相等 D. 不确定

268. 低负荷需求时期，发电企业之间的竞争( )。

A. 竞争变强 B. 竞争不变 C. 竞争变弱 D. 视情况而定

269. 电力市场环境下，经济调度目标是( )最低。

A. 全网的机组发电成本 B. 全网的机组投资成本

C. 全网的机组固定成本 D. 全网总购电成本

270. 电力市场集中竞价交易有单一购买者模式，即( )发电企业竞价出售电能，买家( )。

A. 多家、只有一个 B. 只有一个、多家

C. 只有一个、只有一个 D. 多家、多家

271. 电力市场模式通常是指电力市场的组织模式，其核心是( )在现货市场应用的模式。

A. 现货市场 B. 中长期市场 C. 日前市场 D. 日内市场

272. 电力市场统一出清模式下，中标机组报价一般( )边际机组的报价。

A. 大于 B. 等于 C. 小于 D. 无法确定

273. 电力市场网损分摊是指按( )将网损相关费用分摊给接受网络服务的用户。

A. 市场规则 B. 市场规则 C. 协商原则 D. 强制分配原则

274. 电力市场业务上云运营是构建( )新模式的必然趋势，也是全国统一电力市场技术支撑平台由管理型系统向服务型系统转化的关键过程。

A. 互联网 + 电力交易　　B. 互联网 + 物联网

C. 物联网 + 电力交易　　D. 一平台 + 数据中台

275. 电力市场中统一出清电价与节点电价相比忽略了（ ）。

A. 边际价格　　B. 输电线路阻塞

C. 电压稳定性　　D. 交易可执行性

276. 电力现货市场采用（ ）的结算模式。

A. 日清月结　　B. 月清月结　　C. 日清日结　　D. 月清月结

277. 电力现货市场的建设改变了电力（ ）等各个生产环节，对参与电力生产的发电侧、输电侧和用户侧主体产生了深刻的影响。

A. 发、输、配、用　　B. 发、输、配

C. 输、配　　D. 输、配、用

278. 电力现货市场泛指（ ）及更短时间内的电能量交易的市场。

A. 日内　　B. 日前　　C. 实时　　D.D+3 日

279. 电力现货市场技术支持系统的第三方检验应对系统的哪部分功能进行校核（ ）。

A. 市场管理功能　　B. 市场出清功能

C. 市场监视功能　　D. 市场分析功能

280. 电力现货市场技术支持系统需要从市场交易平台获取的数据是（ ）。

A. 电能量及辅助服务交易结果　　B. 市场主体报价信息

C. 电网实际运行数据　　D. 电能量及辅助服务出清结果

281. 电力现货市场下的售电公司，在批发市场中通过中长期市场和现货市场获取电能，在零售市场中将电能出售给电力用户，零售市场与中长期市场的电量偏差以（ ）价格进行结算。

A. 中长期　　B. 现货　　C. 零售　　D. 批发

282. 电力现货市场与电力辅助服务市场具有（ ）互斥性。

A. 有功功率　　B. 无功功率　　C. 经济　　D. 电能量

283. 电力现货市场与调峰市场深度融合前，机组在最小技术出力以上部分参加（ ）竞价。

A. 现货市场　　B. 中长期市场

C. 容量市场　　D. 深度调峰市场

284. 电力需求侧管理的价格手段是（ ）。

A. 举办节能产品展示　　B. 峰谷分时电价

C. 节能效益返还　　D. 蓄冷蓄热技术

285. 对价格敏感的电量应该在（ ）进行交易。

A. 中长期合约市场　　B. 辅助服务市场

C. 日前市场　　　　　　　　　　D. 期货与期权交易市场

286. 对于交易出清模式的“高低匹配法”，下列描述中正确的是（　）。

A. 由市场主体双边协商匹配

B. 存在价差的购售报价自主进行匹配成交

C. 最高的买价与最低的卖价进行匹配，优先成交

D. 最高卖价低于最低买价时，匹配终止

287. 对于未来电力供应存在短缺风险的地区，可探索建立（　），保障长期电力供应安全。对于燃煤机组利用小时严重偏低的省份，可建立（　）。

A. 容量市场、容量补偿机制　　　　B. 电能量市场、容量补偿机制

C. 容量市场、电价补偿机制　　　　D. 电能量市场、电价补偿机制

288. 发、用电侧每小时的节点电价等于该时段内每（　）节点电价的算术平均值。

A.5min　　　　B.15min　　　　C.20min　　　　D.25min

289. 发电侧日前现货按以下哪种类型进行申报。（　）

A. 机组　　　　B. 业务单元　　　　C. 用电单元　　　　D. 经济机组

290. 发电侧上下调预挂牌机制采用（　）方式。

A. 报量报价　　　　　　　　　B. 报量不报价

C. 报价不报量　　　　　　　　D. 既不报量又不报价

291. 发电侧现货市场结算时，在中长期合约具有金融属性的市场中，日前市场根据（　）与中长期合约分解电量的偏差电量，按照日前市场出清电价进行结算。

A. 日前市场申报电量　　　　　B. 实际上网电量

C. 日前市场出清电量　　　　　D. 实际用电量

292. 发电企业（机组）以机组所在节点的（　）作为现货电能量市场价格。

A. 批发电价　　　　B. 零售电价　　　　C. 节点电价　　　　D. 补贴电价

293. 发电企业参与电力现货市场交易的申报采用（　）。

A. 报量报价　　　　B. 报量不报价　　　　C. 不报量报价　　　　D. 不报量不报价

294. 发电企业以机组所在节点的（　）作为现货电能量市场价格。

A. 网络阻塞价格　　B. 系统电能价格　　C. 节点电价　　　　D. 固定电价

295. 分散式电力市场主要以（　）为基础，发、用电双方在日前阶段自主确定次日发用电曲线，偏差电量则通过日前、日内、实时平衡交易进行调节的电力市场模式。

A. 现货实物合同　　　　　　　B. 物理合同

C. 中长期实物合同　　　　　　D. 金融合同

296. 分散式日前市场交易以日交易曲线、中长期实物合同日分解曲线、负荷预测等作为市场边界，考虑电网安全约束、机组运行约束等，生成次日发电计划，并形

成机组与用户市场（　）。

A. 成交价格　　B. 阻塞盈余　　C. 均衡价格　　D. 出清价格

297. 负荷预测按周期分类不包括哪项（　）。

A. 超短期负荷预测　　B. 中长期负荷预测

C. 短期负荷预测　　D. 长期负荷预测

298. 各省根据现货市场运营能力，可采用（　）模式，为电能量、辅助服务等批发市场交易出具结算依据。

A. 日清月结　　B. 日清日结　　C. 月清月结　　D. 日结月清

299. 根据《关于加快推进电力现货市场建设工作的通知》，加强跨省跨区交易与省内现货市场在经济责任、价格形成机制等方面的动态衔接，跨省跨区交易卖方成交结果作为送端关口负荷增量，买方成交结果作为受端关口（　）参与省内出清结算，省间交易结果作为省间交易电量的结算依据。

A. 负荷　　B. 电源　　C. 节点　　D. 用户

300. 根据各试点省份的现货市场设计方案，现货市场运行一般划分为（　）三个阶段。

A. 模拟试运行、结算试运行、正式运行

B. 模拟试运行、调电试运行、结算试运行

C. 调电试运行、结算试运行、正式运行

D. 模拟试运行、调电试运行、正式运行

301. 关于电力现货市场说法错误的是（　）。

A. 实时和日前现货市场都需要满足电网运行约束

B. 电力现货市场根据发电机组的报价，以社会福利最大化为目标安排机组发电

C. 影响发电机组在电能量市场中是否中标的因素只有机组报价

D. 电力现货市场运行必须充分考虑电力商品的物理属性

302. 关于电力现货市场说法错误的是（　）。

A. 实时和日前现货市场都需要满足电网运行约束

B. 电力现货市场根据发电机组的报价，以社会福利最大化为目标安排机组发电

C. 影响发电机组在电能量市场中是否中标的因素只有机组报价

D. 电力现货市场运行必须充分考虑电力商品的物理属性

303. 关于现货电能量市场与调频市场衔接方式，以下说法错误的是（　）。

A. 现阶段，调频辅助服务市场与现货电能量市场分开独立运行

B. 日前电能量市场出清计算时，调频辅助服务市场预出清中标机组的出力上、下限需要进行调整

C. 实时电能量市场出清计算时，调频辅助服务市场正式出清中标机组上、下限需要进行调整

D. 电能量市场出清时不考虑调频中标的情况

304. 关于现货实时市场与实时平衡市场的说法，下列选项正确的是（ ）。

A. 实时市场适用于集中式模式下的实时出清机制

B. 实时市场适用于分散式模式下的实时出清机制

C. 实时平衡市场不适用于分散式组织模式下的实时平衡机制

D. 实时平衡市场采用“全电量优化”的模式

305. 规则允许的报价曲线（发电机组量－价关系）为（ ）。

A.S 型　B.V 型　C. 阶梯上升型　D. 下降型

306. 机组电能量报价必须随出力增加而（ ）。

A. 单调递减　B. 单调递增

C. 单调非递减　D. 单调非递增

307. 机组铭牌容量为 660MW，最大可调出力 700MW，系统分配至其旋转备用容量 100MW，则其参与市场竞争，市场有约束出清后可能中标（ ）MW。

A.550　B.540　C.600　D.640

308. 机组群是指（ ）的组合。

A. 多台同类型机组　B. 多个发电类型

C. 多个发电塔杆　D. 单个发电类型机组

309. 机组组合是指在一定的调度周期内，以（ ）为目标安排机组启停和发电计划。

A. 发电企业利润最大　B. 系统成本最低

C. 系统安全稳定性　D. 系统能耗最低

310. 集中式电力市场是主要以（ ）管理市场风险，配合现货交易采用全电量集中竞价的电力市场模式。

A. 中长期差价合同　B. 物理合同

C. 中长期实物合同　D. 金融合同

311. 集中式模式的缺点不包括（ ）。

A. 市场风险规避要求高

B. 对既有发电效益格局影响较大且对市场集中度要求较高，同时需要用户广泛参与

C. 向跨区现货市场过渡困难

D. 市场操纵行为容易事先发现和追责

312. 集中式现货交易采用全电量集中竞价、中长期差价合同等方式对冲（ ）风险。

A. 输电权市场　B. 现货市场

C. 容量市场　D. 发电企业市场

313. 集中式现货市场环境下，中长期交易的作用不包括（　）。

A. 锁定价格　　B. 确保机组在现货市场中能开机运行

C. 满足较为确定的负荷需求　　D. 规避现货市场价格风险

314. 假设系统中存在 A、B 两个节点，节点电价分别为 0.3、0.5 元 /kWh，节点负荷分别为 100MWh 和 300MWh，则说法不正确的是（　）。

A. 加权平均综合电价为 0.45 元 /kWh

B. 节点 A 上的电厂结算价格为 0.3 元 /kWh

C. 节点 B 上的电厂结算价格为 0.5 元 /kWh

D. 节点 A 上的用户结算价格为 0.3 元 /kWh

315. 假设系统中存在两个节点，节点电价分别为 0.3、0.5 元 /kWh，节点负荷分别为 100MWh 和 300MWh，则加权平均综合电价为（　）。

A.0.35 元 /kWh　　B.0.4 元 /kWh

C.0.45 元 /kWh　　D.0.475 元 /kWh

316. 假设系统中有 2 台机组。A 机组报价为 0.4 元 /kWh。B 机组报价为 0.6 元 /kWh，A、B 机组发电容量均为 300MW，B 机组最小技术出力为 100MW。2 台机组位于同一节点。负荷为 350MW 时（ ）。

A. 边际机组为 B 机组

B.B 机组运行在最小技术出力

C.B 机组中标出力为 150MW

D.A 机组中标出力为 300MW

317. 建立健全电力现货市场运营机制不包括（　）。

A. 有序引导用户侧参与现货市场报价

B. 建立促进清洁能源消纳的现货交易机制

C. 合理选择现货市场价格形成机制

D. 视当地经济发展需要设定现货市场限价

318. 节点边际电价的缺点有（　）。

A. 会对阻塞区的机组不公平，低价强卖

B. 低谷价差不大，不能引导低谷用电

C. 峰谷价差可能很大，出现平衡账户资金问题

D. 难以保证公平性，少数节点的阻塞可能会影响很多节点的市场成员价格

319. 节点边际电价是在满足当前输电网络设备约束条件和各类其他资源的工作特点的情况下，在某一节点增加（　）需求时所需要增加的成本。

A. 单位负荷　　B. 用户　　C. 电力　　D. 能源

320. 节点电价反映了节点的（　）。

A. 短期平均成本　　B. 长期边际成本

C. 长期平均成本　D. 短期边际成本

321. 节点电价可以定义为在一定的系统运行状态下，电网中某个节点新增加单位有功功率需求时，在保证电网安全运行的前提下系统所需增加的最小购电成本，反映了不同节点的短期（　）。

A. 修正电价　B. 偏差电价　C. 边际成本　D. 新增损益

322. 以美国 PJM 电力市场为例，实时运行过程中每（　）min 将辅助服务市场与电能量市场联合出清一次，联合出清的目标为电能和辅助服务采购总成本最小化。

A.5　B.10　C.15　D.20

323. 某大用户在某个小时日前申报的用电需求为 100MW，日前的价格为 0.4 元 /kWh，实际在该小时的用电量为 70MW，实时节点电价为 0.3 元 /kWh。若则若用户侧允许最大申报偏差率为 20%，则（　）。

A. 日前用电需求在该小时的偏差率为 30%

B. 日前申报的用电需求在该小时的偏差率未超过允许的最大偏差率

C. 不需要对该用户进行申报偏差外收益回收

D. 申报偏差外收益回收金额为 1.6 元

324. 某机组在日前出力为 300MW，节点电价为 0.4 元 /kWh；机组实际出力为 250MW，实时节点电价为 0.5 元 /kWh，则（　）。

A. 实际出力按实时节点电价结算

B. 实际出力按日前节点电价结算

C. 日前与实际出力偏差按日前价格结算

D. 日前与实际出力偏差按实时价格结算

325. 某一发电企业签订 2MWh 的中长期合约，合约价格为 300 元 /MWh，日前市场出清电量为 3MWh，日前发电机组所在节点电价为 400 元 /MWh，日前用户统一结算点节点电价为 500 元 /MWh，若以用户统一结算点作为发电企业中长期合约的结算参考点，则该发电企业中长期合约加日前电能量市场收益为（　）元。

A.1000　B.800　C.1200　D.1100

326. 目前在国内现货市场省份中，发电侧结算周期基本为（　）。

A. 日清分、日结算　B. 月清分、月结算

C. 月清分、日结算　D. 日清分、月结算

327. 日内市场是指在日前市场闭市后至实时市场开启前的某些时段的电能量市场，通常每个交易时段为（　）。

A.15 ~ 60min　B.60 ~ 120min　C.120 ~ 180min　D.180 ~ 240min

328. 日前申报电力、电价的单位为（　）。

A.kW，元 /WWh　B.kW，元 /kWh

C.MW，元 /MWh　D.MWh，元 /WWh

329. 日前市场和实时市场通过集中优化竞争的方式，形成分时（ ）作为市场电能价格。

A. 批发电价　B. 节点电价　C. 零售电价　D. 补贴电价

330. 容量电价等于容量电费除以（ ）。

A. 机组总容量　B. 机组实际可用容量

C. 机组有功功率　D. 机组无功功率

331. 容量电价机制将容量短缺引起的电价飙升的风险分摊给了（ ）。

A. 发电厂　B. 电网　C. 配电商　D. 电力用户

332. 容量市场（Capacity Market）是指以（ ）为交易标的的市场。

A. 电能量　B. 调频、备用等辅助服务

C. 输电权　D. 可靠性装机容量

333. 如果能量市场的价格帽很（ ），那么发电企业可以通过短时间的高电价来获取高额利润，此种情况下建立容量市场的必要性相对较（ ）。

A. 高，小　B. 高，大　C. 低，小　D. 低，大

334. 如果一个地区，阻塞经常发生的固定的几个区域之间，可以考虑采用哪种定价方式。（ ）

A. 统一定价　B. 分区边际电价

C. 节点电价　D. 阶梯电价

335. 若发电侧申报高于负荷侧申报的报价情况较多，交点位置会左移，下列表述正确的是：（ ）

A. 全系统中标电量减少，系统电能价格降低

B. 全系统中标电量增加，系统电能价格降低

C. 全系统中标电量减少，系统电能价格升高

D. 全系统中标电量增加，系统电能价格升高

336. 若发电机组逾时未申报报价信息，（ ）。

A. 不参与市场出清

B. 以上一交易日报价信息参与市场出清

C. 以默认信息参与市场出清

D. 以上都不对

337. 省间、省内市场采取“（ ）”模式。首先省内依据省间送受电预计划以及本网运行实际，形成省内开机方式和发电计划的预安排，在此基础上组织省间现货交易。

A. 集中申报、协调出清　B. 集中申报、统一出清

C. 分层申报、统一出清　D. 分层申报、协调出清

338. 省间电力现货的交易品种为卖方发电企业与买方电网企业、售电公司、电力

用户之间进行的（ ）交易。

A. 容量费　　B. 电能量　　C. 综合电价　　D. 中长期电价

339. 省间电力现货交易结算采用日清月结方式，（ ）日进行市场化交易结果清分。

A.D+3　　B.D+4　　C.D+5　　D.D+6

340. 省间电力现货交易中，（ ）负责市场主体的交易申报及信息发布，负责建设、维护和管理省间电力现货交易申报及发布功能。

A. 国调中心　　B. 网调　　C. 省调　　D. 北京电力交易中

341. 省间电力现货交易中，（ ），市场主体申报日内交易时段内的“电力－价格”曲线。

A.T−120 至 T−110min　　B.T−90 至 T−80min

C.T−60 至 T−50min　　D.T−30 至 T−20min

342. 省间电力现货交易中，（ ）确定导致市场中止的情形消除后，可恢复市场交易，并向各市场成员公告通知。

A. 国家能源局　　B. 市场运营机构

C. 北京电力交易中心　　D. 市场管理委员会

343. 省间电力现货交易中，买方市场主体申报的分段曲线要求为（ ）曲线。

A. 单调非递增　　B. 单调非递减

C. 平段　　D. 曲线

344. 省间电力现货交易中，买方市场主体所在节点申报（ ）曲线。

A. 电力　　B. 价格　　C. 电力－价格　　D. 阶梯电价

345. 省间电力现货交易中，日内以（ ）h 为一个固定交易周期。

A.1　　B.2　　C.3　　D.4

346. 省间电力现货交易中，日前现货交易组织周期，交易日从 00:15 至 24:00，每（ ）min 设为一个时段。

A.5　　B.10　　C.15　　D.20

347. 省间电力现货交易中，申报价格最小单位为（ ）元 /MWh。

A.1　　B.5　　C.10　　D.100

348. 省间电力现货交易中，输电价格是顺序链接形成交易路径的各跨省区交直流输电通道和（ ）的输电价格之和。

A. 各省内相关输电通道　　B. 特高压通道

C. 专用通道　　D. 选项均对

349. 省间市场和省内市场采取（ ）模式。

A. 统一申报、统一出清　　B. 分层申报、协调出清

C. 统一申报、协调出清　　D. 分层申报、统一出清

350. 省间现货交易采用（　）结算机制。

A. 买方电价　　B. 市场均价　　C. 边际电价　　D. 交易电价

351. 省间现货交易采用边际电价结算机制。（　）成交交易对的买卖双方价格算术平均值为该卖方节点竞价出清的边际价格，以此作为该卖方节点所有成交交易的结算价格。

A. 卖方节点最后一笔　　B. 买方节点最后一笔

C. 买卖双方最后一笔　　D. 买卖双方第一笔

352. 省间现货市场主体同一交易时段是否可以买入或卖出电能，需根据以下情况进行界定描述，正确的是（　）。

A. 交易节点内部可再生能源富余时，节点内部买方市场主体可以在省间电力现货交易中买入电能

B. 交易节点内部可再生能源富余时，节点内部买方市场主体不得在省间电力现货交易中买入电能

C. 交易节点内部平衡紧张时，节点内部卖方市场主体可以在省间电力现货交易中卖出电能

D. 对于可再生能源是否富余和电力平衡是否紧张的判定方法，由电力调度机构认定

353. 省间中长期挂牌交易，如果同一笔挂牌意向被多个市场主体摘牌，原则上以（　）min 为一时段，每时段内摘牌视为时间优先级相同。

A.10　　B.30　　C.15　　D.20

354. 省内现货市场由（　）组成。

A. 日前市场　　B. 日内和实时市场

C. 实时市场　　D. 日前、日内和实时市场

355. 实行两部制电价的用户，其受电变压器容量须在（　）及以上。

A.100kVA　　B.1000kVA　　C.100MVA　　D.150MVA

356. 属于发电企业在现货市场中权利和义务的是（　）。

A. 发电企业按规则参与电力市场交易

B. 服从调度机构的统一服务，但不必按规定提供辅助服务

C. 可以提前披露和提供信息以减轻保密压力

D. 电力系统安全的前提下，可以适当使用规则外手段

357. 现货交易由（　）将现货市场出清和执行结果等信息提供给交易中心和电网企业，交易中心统一出具结算依据，由电网企业统一结算。

A. 调度机构　　B. 电力交易中心

C. 电力市场管理委员会　　D. 北京电力交易中心

358. 现阶段，日前、实时市场用户侧采用全省统一结算价，为相应时段全市场各

节点的加权平均综合价格，指的是下面哪一项。(　)

A. 统一结算点电价　　B. 节点电价
C. 上网电价　　D. 批复电价

359. 新一代电力交易平台，在建设的初期，充分分析原有平台市场进入的技术壁垒，结合现有复杂的业务环节，并且借鉴目前互联网先进技术发展快速经验，采用(　)的架构思路。

A. 厚平台、薄应用　　B. 大中台、小前台
C. 云大物移智　　D. 放两头，管中间

360. 新一代电力交易平台能够贯穿(　)数据。

A. 内网和外网　　B. 市场主体和电网公司
C. 省间和省内　　D. 企业与个人

361. 新一代电力交易平台日志管理主要是针对用户(　)进行记录。

A. 身份标识　　B. 账号信息　　C.IP 地址　　D. 操作痕迹

362. 新一代电力交易平台是首个基于(　)的大型电力市场技术支撑系统。

A. 全流程管理　　B. 云架构　　C. 云大物移智　　D. 物联网

363. 新一代电力交易平台系统配置管理是通过(　)实现系统全局配置。

A. 配置中心　　B. 用户管理　　C. 权限管理　　D. 系统配置

364. 新一代电力交易平台用户管理是对(　)的账号进行管理。

A. 市场主体　　B. 外网用户　　C. 市场成员　　D. 内网用户

365. 以下不属于电力现货市场技术支持系统备用系统数据比较功能的是(　)。

A. 自动比较　　B. 手动比较　　C. 自动修复　　D. 生成告警

366. 以下不属于与电力现货市场技术支持系统存在数据交互的相关外部系统的是(　)。

A. 市场交易系统　　B. 结算系统　　C. 营销系统　　D. 能量管理系统

367. 以下对电力现货交易的描述，不正确的是(　)。

A. 实现资源、设备和需求灵活性带来的交易自由性
B. 有利于发电企业制定长期生产计划
C. 是交易给定负荷曲线电量的重要工具
D. 是修正预测误差进行合同调整的重要平台

368. 以下关于出清结果正确说法的是(　)。

A. 实时运行中每小时发布实时市场的正式结果
B. 市场出清结果出现差错时，若重新计算校正结果后，出清结果尚未执行，则按校正之后的结果执行
C. 市场出清结果出现差错时，若重新计算校正已执行，则无须进行重新计算
D. 日前出清结果每小时发布一次

369. 以下关于电力现货市场特征描述错误的是（　）。

A. 现货市场是竞争市场　　B. 具有实物交易的属性

C. 交易周期尽可能要短　　D. 交易与分割是同时完成的

370. 以下关于市场出清说法错误的是（　）。

A. 市场出清充分考虑了电力系统安全运行约束

B. 市场出清价格受系统负荷的影响

C. 出现阻塞时，不同地点的市场价格可能不同

D. 节点电价只反映系统供需平衡的情况

371. 以下说法错误的是（　）。

A. 供给曲线是向右上方倾斜的曲线

B. 供给弹性指因价格变动与引起的供给变动的比率

C. 供给曲线反映了企业的生产意愿

D. 供给曲线是供给量与生产能力的关系

372. 以下关于现货市场价格机制说法正确的是（　）。

A. 用户侧按用户所在上网节点电价结算

B. 发电侧按各自上网节点电价结算

C. 实时电能量市场以“小时”为单位计算，每小时的节点电价为小时内 4 个 15 分钟节点电价的加权平均值

D. 日前电能量市场以“15 分钟”为单位结算

373. 以下关于现货市场组织方式说法正确的是（　）。

A. 现货市场是全电量集中优化

B. 发电机组和售电公司、大用户在实时电能量市场可以申报

C. 现货市场以小时为出清时段

D. 发电机组可针对不同时段申报不同的报价曲线

374. 以下说法不正确的是（　）。

A. 电力现货市场和中长期市场两者互为补充和相互协调

B. 中长期市场可增加市场竞争力，为电力现货市场提供参考价格

C. 中长期交易可以实物合同、差价合约等一种或多种形式签订

D. 中长期双边交易形成的电量合同，可由交易双方自行分解为分时曲线

375. 以下说法错误的是（　）。

A. 社会福利包括生产者剩余和消费者剩余

B. 生产者剩余为供给曲线之上，市场价格水平线之下的面积

C. 在不完全竞争市场，可能存在市场主体可以行使市场力的情形

D. 市场主体只能通过减少供给的方式行使市场力

376. 影响电力现货市场电能量出清价格的因素可从（　）方面考虑。

A. 发电侧　B. 输配电　C. 用户侧　D. 以上均是

377. 运行日为执行日前电能量市场交易计划的自然日，每（　）为一个交易出清时段，每个运行日含有（　）交易出清时段。

A.15，96　B.10，144　C.20，72　D.30，48

378. 在美国 PJM 电力市场中，某市场成员不拥有发电机组，在日前市场中标 20MWh 的虚拟发电量，所在节点日前出清价格为 30$/ MWh，实时出清价格为 40$/ MWh，则该发电企业的市场收益为（　）美元。

A.600　B.800　C.20　D.-200

379. 在用户侧参与市场结算的规则体系中，采用以下哪种电价（　）。

A. 节点电价　B. 系统统一电价

C. 统一结算电价　D. 市场出清电价

380. 在用户侧参与市场结算的规则体系中，实际用电量与日前申报电量的偏差部分，以（　）分时统一结算电价作为实时电能量市场结算价格。

A. 日前市场　B. 实时市场　C. 日内市场　D. 集中竞价

381.（　）根据日前出清情况计算调峰辅助服务费用。

A. 有偿调峰　B. 启停调峰　C. 用户侧调峰　D. 虚拟储能

382.（　）开展跨省区电力中长期交易和调频、备用辅助服务交易，优化区域电力资源的配置。

A. 省市场　B. 省内市场　C. 区域市场　D. 国家电力市场

383.（　）是指用户侧可调节负荷主动参与市场，向调峰资源不足省区提供的调峰服务。

A. 用户侧调峰　B. 有偿调峰　C. 局停调峰　D. 虚拟储能

384.（　）辅助服务市场是保证实时（平衡）市场闭市后偏差电量平衡的机制。

A. 调频　B. 备用　C. 调峰　D.AVC

385.（　）负责西北区域省间调峰辅助服务省间费用和替发电量结算单的编制。

A. 分部调度部门　B. 分部交易部门

C. 电网企业　D. 能源监管机构

386.（　）往往是价格最高的辅助服务，因为响应速度和技术要求高。

A. 调峰　B. 调频　C. 旋转备用　D. 非旋转备用

387.（　）是指为维护电力系统的安全稳定运行、保证电能质量，除正常电能生产、输送、使用以外，由发电企业、电网企业和电力用户等提供的服务。

A. 电力辅助服务　B. 调频　C. 备用　D. 调压

388.（　）作为区域调峰辅助服务运营数据归口管理部门，负责区域省间调峰辅助服务费用及分摊明细、考核补偿费用和替发电量及分摊明细等的计算、校核、报批、信息报送，并对数据一致性负责。

A. 各级调度部门　　B. 各级交易机构

C. 各级电网企业　　D. 各级能源监管机构

389.《西北区域省间调峰辅助服务市场运营规则》规定电源侧和用户侧（　）出清。

A. 市场定价　　B. 市场竞价　　C. 集中竞价　　D. 优先竞价

390.《西北区域省间调峰辅助服务市场运营规则》规定坚持市场化导向，市场主体自主自愿参与市场，要按照（　）的优先级顺序。

A. 先跨省、后省内　　B. 先省内、后跨省

C. 先区域、后省内　　D. 先区域、后跨省

391. 按照（　）的基本原则，按照辅助服务效果确定辅助服务计量公式，对提供有偿辅助服务的并网发电厂、电力用户、独立辅助服务提供者进行补偿。

A. “效率为先、安全第一”　　B. “效率为先、合理收益”

C. “补偿成本、安全第一”　　D. “补偿成本、合理收益”

392. 按照每台机组的可用发电容量，支付机组一定的费用，该费用是机组的（　）。

A. 固定成本　　B. 可变成本　　C. 可变收益　　D. 容量收益

393. 参与辅助服务是（　）获利的重要手段，而且与出售电能是密切相关的。

A. 用户　　B. 发电企业　　C. 售电公司　　D. 电网

394. 电力调度机构应按规定公布电网输送能力及相关信息，负责预测和检测可能出现的阻塞问题，并通过市场机制进行必要的阻塞管理。因阻塞管理产生的盈利或费用（　）分担。

A. 按责任　　B. 按收益　　C. 按电量　　D. 按负荷

395. 电力辅助服务市场交易规则主要明确通过（　）方式获取的电力辅助服务品种的相关机制。

A. 自由竞争　　B. 有偿服务　　C. 市场化补偿　　D. 市场化竞争

396. 电力辅助服务市场竞争中起决定作用的主要驱动要素是（　）。

A. 会计成本　　B. 统计成本　　C. 机会成本　　D. 边际成本

397. 电力辅助服务市场是指以（　）等辅助服务为交易标的的市场。

A. 调频、备用　　B. 调峰、调频

C. 调峰、备用　　D. 备用、黑启动

398. 电力现货市场建立后，电力辅助服务市场竞争中起决定作用的主要驱动要素是（　）。

A. 机会成本　　B. 边际成本

C. 搁浅成本　　D. 固定成本

399. 电力需求侧管理定义的内容不包括以下哪一项。(　)

A. 采用有效的电价或者激励措施，引导消费者改变用能方式和时间

B. 通过高效设备和科学管理的方式提高终端用电效率

C. 电力需求侧管理是使输配电网增加投资

D. 实现节能减排，实现低成本的电力服务

400. 电力需求侧管理实施的短期效益不包括(　)。

A. 电量成本降低　　B. 备用容量提高

C. 用电费用减少　　D. 节约发输配电设备投资

401. 电力需求侧管理视角下的观念与传统电力供需平衡观念的区别在于(　)。

A. 供应侧应尽量满足需求侧的电能需求

B. 尽量增加电能需求

C. 尽量减少电能需求

D. 需求侧应根据实际供电能力调整电能需求

402. 电力需求侧管理中的(　)是价格、财政等激励手段的支持手段。

A. 技术手段　B. 行政手段　C. 经济手段　D. 引导手段

403. 电网辅助服务费用结算由(　)依据规则提供。

A. 电网企业　B. 电力公司　C. 电力交易机构　D. 售电公司

404. 调峰辅助服务中不给予补偿的是(　)。

A. 深度调峰　　B. 燃机启停调峰

C. 水电启停调峰　　D. 基本调峰

405. 对于确保系统可靠性所需，但全年运行时间很短的机组，难以通过单一电能量市场回收全部投资成本，需要引入(　)机制。

A. 合理的现货与中长期交易机制　　B. 容量成本回收机制

C. 中长期交易机制　　D. 合理的现货交易机制

406. 发电企业在提供备用服务时会产生的成本有运行成本、(　)。

A. 变动成本　B. 固定成本　C. 机会成本　D. 沉没成本

407. 分布式发电项目是指参与分布式发电市场化交易的接入配电网运行、发电量就近消纳的(　)。

A. 微小型发电设施　　B. 大型发电设施

C. 中小型发电设施　　D. 小型发电设施

408. 辅助服务的价格机制可以分为基于(　)和基于市场价格。

A. 会计成本　B. 统计成本　C. 机会成本　D. 边际成本

409. 辅助服务价格定价方式有按容量定价、按电量定价、按(　)定价等方式。

A. 次数　B. 基准用电量　C. 频率　D. 碳排放

410. 辅助服务市场是为维护系统的安全稳定运行、保证(　)的市场，包括调

频、备用。

A. 省内交易　B. 跨省交易　C. 中长期交易　D. 电能质量

411. 辅助服务是为保证电力系统安全运行而采取的措施，主要由（　）负责。

A. 配电公司　B. 调度机构　C. 售电公司　D. 发电公司

412. 辅助服务主要由（　）负责。

A. 配电公司　B. 调度机构　C. 售电公司　D. 发电公司

413. 关于调峰和电力辅助服务市场，下列说法有错误的是（　）。

A. 调峰包括实时深调、启停调峰、跨省区调峰等类型

B. 费用分摊方面，辅助服务相关费用在发电侧内部分摊

C. 各省市辅助市场均通过省内辅助服务市场优先调用本省辅助服务资源

D. 出清方面，个别省市主要采用与现货联合出清方式

414. 启停调峰是指有启停调峰能力的（　），通过机组短时启停向调峰资源不足的省区提供的调峰服务。

A. 火电机组　B. 水电机组　C. 风电机组　D. 核电机组

415. 设置备用的根本目的是保证系统的（　）。

A. 高比例新能源　B. 经济性　C. 波动性　D. 可靠性

416. 深度调峰交易每（　）min 出清一次，辅助服务市场技术支持系统依据各发电机组深度调峰交易的执行结果进行清算。

A.5　B.15　C.30　D.60

417. 西北分部负责组织西北区域备用辅助服务市场结算，各市场主体所在省（　）配合完成各市场主体的结算。

A. 电网企业　B. 交易机构　C. 政府机构　D. 能源监管机构

418. 西北区域备用辅助服务费用实行专项管理，按照收支平衡原则，进行（　）。

A. 日清月结　B. 日清日结　C. 月清月结　D. 日结月清

419. 下列不属于激励响应型需求响应措施的是（　）。

A. 直接负荷控制　B. 可中断负荷控制

C. 需求侧竞价　D. 尖峰电价响应

420. 由于新能源发电占比的提升，调峰资源逐渐成为稀缺资源，迫使电力系统主要通过（　）灵活性改造来提高机组深调能力，并通过（　）机组启停来实现有偿调峰。

A. 核电　B. 水电　C. 火电　D. 风电

421. 月度结算环节开展联络线责任偏差电量处理和（　）。

A. 优先消纳送出交易　B. 单向报价匹配出清交易

C. 联络线波动偏差电量处理　D. 日前实时双边交易

422. 在现货市场内推动调峰服务，新能源比例较高的地区可探索引入（　）等新

型辅助服务。

A. 爬坡　　B. 调峰　　C. 增量　　D. 削谷

423.（　）应按照供电线路电压等级和计量点的实际电量，向电网企业支付输电费用。

A. 售电公司　　B. 输电公司　　C. 配售电公司　　D. 发电企业

424.（　）负责向市场成员出具结算依据，市场成员根据相关规则进行电费结算。

A. 政府机构　　B. 电网企业

C. 电力交易机构　　D. 能源监管机构

425.（　）根据结算依据对零售电力用户进行零售交易资金结算，对售电公司批发、零售价差收益、偏差考核进行资金结算。

A. 电力交易机构　　B. 电力调度机构

C. 电网企业　　D. 政府部门

426.（　）应当根据市场运行需要为市场主体安装符合技术规范的计量装置。

A. 电力用户　　B. 发电企业　　C. 电网企业　　D. 交易机构

427. 不平衡费用的产生特点有（　）。

A. 无承担主体　　B. 市场本可以避免

C. 用户对电能质量不满　　D. 发电企业对现有市场规则不满

428. 不属于出清价格的影响因素的是（　）。

A. 发电厂市场里　　B. 阻塞

C. 市场供需状况　　D. 用户信息披露

429. 当出现计量数据不可用时，由（　）确认并出具报告。

A. 电能计量检测中心　　B. 售电企业

C. 电力交易机构　　D. 当地政府部门

430. 当出现计量数据错误或不可用时，由（　）出具报告并经相关市场主体确认，结算电量由电力交易机构组织相关市场主体协商解决。

A. 电力交易中心　　B. 电力市场管理委员会

C. 电能计量检定机构　　D. 电力调度机构

431. 电力用户拥有储能，或者电力用户参加特定时段的需求侧响应，由此产生的偏差电量，由（　）自行承担。

A. 电网企业　　B. 电力交易机构

C. 电力用户　　D. 售电公司

432. 电量结算优先级从高到低排列应为（　）。

A. 基数电量、市场交易电量、调试电量

B. 市场交易电量、调试电量、基数电量

C. 调试电量、市场交易电量、基数电量

D. 市场交易电量、基数电量、调试电量

433. 电网代理购电产生的偏差电量，现货市场运行的地方按照现货市场价格结算，其他地方按照发电侧上下调预挂牌价格结算，暂未开展上下调预挂牌交易的按当地最近一次、最短周期的场内（　）出清价格结算。

A. 滚动撮合　　B. 集中竞价　　C. 发电权转让　　D. 双边协商

434. 对于同一个市场成员，有多笔市场化交易合同的情况，结算顺序按交易品种排序，按优先级依次递减排序应为（　）。

①跨区跨省交易合同；②直接交易合同；③合同电量转让合同；④抽水电量交易合同。

A. ①②③④　　B. ①③②④　　C. ②③①④　　D. ③①②④

435. 发电机组进入商业运营之前，其调试运行期间上网电价按照当地燃煤机组脱硫标杆上网电价的一定比例执行，其中水电按照（　）执行。

A.30%　　B.50%　　C.80%　　D.100%

436. 发电企业、售电公司、电力用户结算关口和跨区跨省输电通道的关口表计原则上应每（　）抄表。

A. 周　　B. 日　　C. 月　　D. 季度

437. 发电企业发电机组的电量按照电量替代交易结算规则与其他发电机组间结算的电价称为（　）。

A. 环保电价　　B. 标杆电价　　C. 目录电价　　D. 替代电价

438. 发电企业上网电量电费由（　）支付。

A. 供电企业　　B. 电网企业　　C. 发电企业　　D. 输电企业

439. 非市场化机组以（　）作为结算价格。

A. 政府批复的上网电价　　B. 政府批复的目录销售电价

C. 中长期交易合约价格　　D. 现货市场节点电价

440. 各类不平衡资金的分摊和返还原则是（　）。

A. 谁受益、谁承担　　B. 谁受损、谁承担

C. 交易中心规定承受对象　　D. 政府设定承受对象

441. 根据《关于推进售电侧改革的实施意见》，在交易的结算过程中，电力交易机构的职责是（　）。

A. 提供结算依据　　B. 负责收费、结算

C. 代收政府性基金　　D. 监管结算过程

442. 根据《输配电定价成本监审办法》，省级电网输配电定价成本，是指政府核定的省级电网企业为使用其经营范围内（　）的用户提供输配电服务的合理费用支出。

A. 跨省交流共用输电网络　　B. 输配电设施

C. 跨省跨区专用输电　　　　　　　　D. 联网服务

443. 根据结算周期越短越早结算的原则，对下列交易电量的结算优先顺序进行排序（　）。

①月度集中竞价交易电量；②月内挂牌交易电量；③年度双边协商月度计划电量。

A. ①②③　　B. ②①③　　C. ①③②　　D. ②③①

444. 计量周期和抄表时间应当保证（　）的结算需要，保证计量数据准确、完整。

A. 最小计量周期　　　　　　　　B. 最小交易周期

C. 最小结算周期　　　　　　　　D. 最小采集周期

445. 计量装置原则上安装在（　）分界点。

A. 地区　　B. 电网　　C. 跨省　　D. 产权

446. 计量装置原则上安装在（　），无法安装的，考虑相应的变（线）损。

A. 出线侧　　　　　　　　B. 进线侧

C. 产权分界点　　　　　　D. 物理分界点

447. 计入输配电定价成本的折旧费原则上按照监审时前（　）的可计提折旧输配电固定资产原值和定价折旧率分类核定。

A.3 个月　　B. 半年　　C. 一年　　D. 三年

448. 价格上、下限原则上由相应（　）提出，经国家能源局派出机构和政府有关部门审定。

A. 电力市场管理委员会　　　　　B. 电网公司

C. 多方协商　　　　　　　　　　D. 政府

449. 交易结算存在争议时，（　）组织相关市场主体、市场运营机构进行协商。

A. 调度机构　　　　　　　　　　B. 电力交易中心

C. 电力市场管理委员会　　　　　D. 北京电力交易中心

450. 交易结算单原则上展示交易结算科目的（　）。

A. 明细数据　　B. 汇总数据　　C. 合同数据　　D. 统计数据

451. 交易结算单原则上展示交易结算科目的汇总数据，若同一科目涉及多笔交易或多个时段，其明细结算数据可在（　）中展示。

A. 交易结算单　　　　　　　　　B. 交易结算附表

C. 交易平台结构化数据　　　　　D. 交易公告

452. 结算参考点是合约电量结算的唯一节点，该节点的（　）作为中长期交易差价结算的依据。

A. 日前电能量市场价格　　　　　B. 实时电能量市场价格

C. 批复电价　　　　　　　　　　D. 上网电价

453. 零售用户以月度参与市场（ ），作为其市场化结算电量。

A. 成交电量　　B. 合约分解电量

C. 实际用电量　　D. 合约电量

454. 批发交易用户偏差电量分为超用电量和（ ）。

A. 合同售出电量　　B. 用户实际网供电量

C. 少用电量　　D. 合同购入电量

455. 若一类用户对结算结果有疑问或发现结算出现差错，可向（ ）或交易中心咨询。

A. 供电公司营销部　　B. 供电公司财务部

C. 售电企业　　D. 北京电力交易中心

456. 上网电价是发生在（ ）之间的结算电价。

A. 发电企业和电网企业　　B. 发电企业与用户

C. 电网企业与用户　　D. 电网企业与电网企业

457. 省及省以上电网“输配电价”，由（ ）负责制定。

A. 国务院价格主管部门　　B. 县级价格主管部门

C. 省级价格主管部门　　D. 地市价格主管部门

458. 省级电网输配电价核价是分（ ）为一个监管周期。

A. 一年　　B. 四年　　C. 两年　　D. 三年

459. 实际用电量超过月度计划 110% 时，在上述结算的基础上，超出 110% 的部分按照对应的目录电价结算并按照当期燃煤发电机组标杆上网电价的（ ）征收偏差调整费用。

A. 5%　　B. 10%　　C. 15%　　D. 20%

460. 市场化用户终端电价由哪些部分组成？（ ）

A. 政府性基金及附加　　B. 现货结算价格

C. 以上都是　　D. 输配电价

461. 市场交易电费由（ ）负责结算，其中用户用电费由所在地区供电企业收取；发电企业上网电费由相关供电企业支付。

A. 供电企业　　B. 交易中心　　C. 发电企业　　D. 人民银行

462. 市场主体因偏差电量引起的电费资金，暂由（ ）收取和支付。

A. 售电公司　　B. 电网企业

C. 电力交易中心　　D. 电力调度机构

463. 市场主体因偏差电量引起的电费资金，暂由（ ）收取和支付，并应当在电费结算依据中单项列示。

A. 政府机构　　B. 电网企业

C. 电力交易机构　　D. 能源监管机构

464. 售电公司按照（　）出具的结算依据与电网企业进行结算。

A. 政府机构　　B. 电网企业

C. 电力交易机构　　D. 能源监管机构

465. 售电公司按照电力交易机构出具的结算依据与（　）进行结算。

A. 政府机构　　B. 电网企业

C. 电力交易机构　　D. 能源监管机构

466. 输配电价的高低主要依赖于（　）的多少。

A. 准许成本　　B. 准许收入　　C. 税金　　D. 准许收益

467. 完成市场注册且已开展交易的电力用户，合同期满后未签订新的交易合同但发生实际用电时，参加批发交易的用户按照各地规则进行（　）结算，参加零售交易的用户按照保底价格进行结算。

A. 目录电价　　B. 偏差　　C. 保底价格　　D. 市场交易均价

468. 我国省级电网输配电价按照（　）制定。政府价格主管部门按照“准许成本加合理收益”方法核定电网企业的输配电准许收入和平均输配电价。

A. 邮票法　　B. 边界潮流法　　C. 会计成本法　　D. 边际成本法

469. 下列哪一项不属于跨省跨区结算方式（　）。

A. 网对网结算　　B. 点对网结算　　C. 保量保价结算　　D. 点对点结算

470. 下列市场化交易合同按结算优先级依次递减结算的是（　）。①基数电量合同；②电力直接交易合同；③跨省、跨区交易合同；④电量转让合同；⑤抽水蓄能招标电量交易合同。

A. ④⑤①③②　　B. ③④①②⑤　　C. ①④⑤②③　　D. ④③②⑤①

471. 下列选项中哪个是通过电网企业代理购电的交易方式？（　）

A. 月度双边协商　　B. 月度集中竞争

C. 代购电月度挂牌交易　　D. 月度挂牌

472. 一类用户各类购电合同结算顺序正常的是（　）。

①年度双边协商分月计划电量；②月度集中竞价交易电量；③月内挂牌交易电量。

A. ①②③　　B. ②③①　　C. ②①③　　D. ③①②

473. 拥有配电网运营权的售电公司，与（　）进行电费结算，并按照政府价格主管部门的相关规定，向其支付输电费用。

A. 省级电网企业　　B. 电力交易机构

C. 电力用户　　D. 能源监管机构

474. 用户计量点是指（　）。

A. 电力用户能够参与交易的最小颗粒度

B. 营销计量表计

C. 营销计量点

D. 营销户号

475. 在发电企业实际上网电量基础上，扣除各类合同电量、偏差电量后，视为发电企业的（　）。

A. 实际电量　　B. 上下调电量

C. 超发电量　　D. 用网电量

476. 准许成本由（　）和运行维护费构成。

A. 线损电价　　B. 销售电价

C. 税金　　D. 折旧费

477.（　）总体负责电力现货市场信息披露的实施。

A. 电网企业　　B. 电力交易机构

C. 政府部门　　D. 第三方专业机构

478. “交易公告”类信息一般属于（　）信息。

A. 公众　　B. 公开　　C. 私有　　D. 依申请披露

479. “统一市场，两级运作”的市场模式以及（　）调度协同开展生产组织的客观事实，需要一套统一完善、基数先进、运行高效的技术支持系统是提高效率、保障工作目标完成的关键所在。

A. 一级　　B. 两级　　C. 三级　　D. 四级

480. 电厂机组信息属于（　）。

A. 公众信息　　B. 公开信息　　C. 私有信息　　D. 运营信息

481. 电力调度交易机构进行市场干预应当向电力市场主体公布（　）。

A. 干预计划　　B. 干预原因　　C. 干预结果　　D. 干预制度

482. 电力监管机构、电力市场主体、电力调度交易机构不得泄露影响公平竞争的（　）。

A. 交易方式　　B. 交易原则　　C. 交易价格　　D. 交易秘密

483. 电力监管机构对电力企业、电力调度交易机构披露信息的情况进行（　）。

A. 监督检查　　B. 统计　　C. 通报　　D. 公布

484. 电力监管机构具体负责电力（　）监督管理工作。

A. 运营　　B. 安全　　C. 价格　　D. 执法

485. 电力监管机构依照有关法律和国务院有关规定，颁发和管理（　）。

A. 电力业务许可证　　B. 电力从业资格证

C. 电力营业执照　　D. 电力作业资格证

486. 电力交易平台、电力交易机构网站安全等级应当满足国家信息安全（　）级等级防护要求。

A. 一　　B. 二　　C. 三　　D. 四

487. 电力企业、电力调度交易机构应当指定具体负责信息披露的机构和人员，公开咨询电话和电子咨询邮箱，并报（　）备案。

A. 电力调度交易机构　　B. 发电企业

C. 国家电网　　D. 电力监管机构

488. 电力市场管理委员会是市场主体按类别推荐代表组成的（　）机构。

A. 自治性议事　　B. 自治性议事协调

C. 政府监督管理　　D. 自治性交易

489. 电力市场管理委员会是一个由在交易机构注册的相关市场主体按类别选派代表组成的（　）议事协调机构。

A. 集体性　　B. 公众性　　C. 自治性　　D. 营利性

490. 对未按要求及时披露、变更或者披露虚假信息、误导性陈述或者重大遗漏的市场成员，一年之内出现上述情形（　）次以上的，各单位可对其采取警示提醒、约谈、通报、上报监管机构。

A. 一　　B. 两　　C. 三　　D. 四

491. 发电企业应当披露的公众信息中，企业变更情况，包括企业（　）、合并、分立、解散及申请破产的决定；或者依法进入破产程序、被责令关闭等重大经营信息。

A. 股权转让　　B. 增资　　C. 减资　　D. 更换法人

492. 各类交易应当通过（　）机构安全校核。

A. 电力企业　　B. 电力调度　　C. 电力监管　　D. 电力交易

493. 根据《电力现货市场信息披露办法（暂行）》，对未按要求及时披露、变更或者披露虚假信息的市场成员，一年之内出现上述情形（　）以上的，国家能源局及其派出机构可对其采取监管约谈、监管通报、责令改正、出具警示函、出具监管意见等监管措施，并依据《电力监管条例》等有关规定做出行政处罚。

A. 一次　　B. 两次　　C. 三次　　D. 四次

494. 根据《电力现货市场信息披露办法（暂行）》，市场运营机构应当披露的信息中，属于交易公告信息的有（　）。

A. 交易操作说明　　B. 交易结果

C. 交易总申报电量　　D. 成交均价

495. 根据《电力现货市场信息披露办法（暂行）》通知的规定，现货市场信息的封存期限为（　）年。

A.3　　B.4　　C.5　　D.6

496. 加强对市场主体披露信息的管理，切实落实（　）总体信息披露实施的职责。

A. 电力调度机构　　B. 电力市场

C. 电力交易中心　　D. 交易机构

497. 市场主体对披露的市场信息有异议或疑问，可向（　）提出。

A. 能源监管机构　　B. 政府部门

C. 电力交易组织　　D. 电力交易机构

498. 信息披露平台应具有（　）、黑名单管理、发布提醒等功能。

A. 关键词自动检索　　B. 备敏感词自动检索

C. 专业词自动检索　　D. 政策词自动检索

499. 以（　）为基础设立信息披露平台，相关部门按照标准格式通过信息披露平台向交易机构提供信息，由交易机构通过信息披露平台发布信息。

A. 电力调度机构　　B. 电力市场

C. 电力交易平台　　D. 北京电力交易中心

500. 在确保安全的基础上，市场信息主要通过（　）信息披露平台进行披露。

A. 国调中心　　B. 电力交易中心

C. 电力市场管理委员会　　D. 北京电力交易中心

二、多选题

1. 按照电力市场中参与者之间的竞争模式划分为（　　）。

A. 电能量市场　　B. 电力辅助服务

C. 单边市场　　D. 双边市场

2. 差价合约的主要特点有（　　）。

A. 必须进行物理交割

B. 差价合同是一把双刃剑，有可能对冲风险，也有可能承担风险

C. 不涉及实物商品的交换

D. 仅以结算价与合约价的差额做现金结算

3. 当交易员对市场进行分析并寻找交易机会时，其思路可以分为（　　）。

A. 供求面分析　　B. 市场面分析

C. 基本面分析　　D. 技术面分析

4. 电力批发市场中的电价能体现（　　）。

A. 发电成本　　B. 机组负荷

C. 用户用电规模　　D. 市场供需状况

5. 电力市场按交易品种分为（　　）。

A. 电能量市场　　B. 容量市场

C. 辅助服务市场　　D. 输电权市场

6. 电力市场中电价能体现哪些信息（　　）。

A. 上网机组的发电成本　　B. 市场供需状况

C. 电网节能降耗水平　　D. 电价预测精度

7. 对于发电企业而言，以上市场都是其参与竞争的舞台，所以发电企业在电力市场中一整套报价策略也相应地包括（　　）等。

A. 现货市场的报价策略　　B. 中长期市场的报价策略

C. 辅助服务市场的报价策略　　D. 省间交易市场的报价策略

8. 发电厂的固定成本主要包括（　　）。

A. 不随生产量变化的维护费用　　B. 人工成本

C. 税收　　D. 与电厂可回收价值相关的机会成本

9. 发电企业的电量成本则包括（　　）等成本，取决于发电量的大小。

A. 燃料　　B. 机组维护　　C. 人工　　D. 运行

10. 发电企业运用博弈论制定定价策略时，应从以下哪些角度考虑？（　　）

A. 供需关系　　B. 市场边际电价

C. 其他发电企业竞标行为　　D. 经验分析

11. 根据市场竞争的范围和程度可以将市场结构类型分为以下几类？(　　)

A. 完全竞争市场　　B. 完全垄断市场

C. 垄断竞争市场　　D. 寡头竞争市场

12. 供求定律包括（　　）。

A. 需求大于供给，价格将上升　　B. 需求大于供给，价格将下降

C. 需求小于供给，价格将上升　　D. 需求小于供给，价格将下降

13. 关于市场力，下列说法正确的有（　　）。

A. 通过市场力检测的发电机组电能量报价被视为有效报价，可直接参与市场出清

B. 未通过市场力检测的发电机组被视为无效报价，不参与市场出清

C. 对比发电机组电能量报价与市场力检测参考价格，当发电机组电能量报价小于等于市场力检测参考价格时，该发电机组被认定通过行为测试

D. 发电机组的市场力检测参考价格由市场管理委员会提出建议，经政府主管部门和能源监管机构同意后执行

14. 社会总福利是（　　）和（　　）的总和。

A. 需求曲线　　B. 消费者净剩余

C. 供给曲线　　D. 生产者剩余

15. 实际电力市场中，差价合约有多种形式，包括（　　）。

A. 单向 / 双向差价合约　　B. 政府授权 / 市场化差价合约

C. 确定数量 / 非确定数量合　　D. 确定价格 / 非确定价格合约

16. 市场化用户终端电价由哪几部分构成？(　　)

A. 输配电价　　B. 政府性基金及附加

C. 辅助服务费用　　D. 用户侧现货结算价格

17. 市场结构可以分为哪几类？(　　)

A. 完全竞争　　B. 垄断竞争　　C. 寡头垄断　　D. 垄断

18. 市场结构评价指标包括（　　）。

A. 边际机组集中度　　B. 市场集中度

C. 需求侧响应　　D. 市场供需

19. 市场力抑制机制具体可分为（　　）。

A. 事前管控　　B. 事中抑制

C. 事后防范　　D. 事后管控

20. 双边差价合约要素包括（　　）。

A. 时间段　　B. 电量　　C. 合约价格　　D. 有效期

21. 完全竞争市场存在条件包括（　　）。

A. 市场上有许多生产者和消费者　B. 商品同质，不存在产品差别

C. 资源自由流动　D. 市场信息畅通

22. 完全竞争市场优点包括（　　）。

A. 供给与需求相等，不会有生产不足或过剩，需求得到满足

B. 长期均衡时，平均成本最低，要素作用最有效

C. 平均成本最低决定了产品价格最低，对消费者有利

D. 厂商平均成本最低，因此社会成本最低

23. 完全垄断市场的假设条件包括（　　）。

A. 市场上只有唯一一个厂商生产和销售商品

B. 该厂商生产的商品没有任何接近的替代品

C. 其他厂商进入该行业都极为困难或不可能

D. 厂商提供过低的价格

24. 发电商行使市场力的行为主要有（　　）。

A. 经济持留　B. 容量持留　C. 联合串谋　D. 降低报价

25. 市场力风险的成因主要体现在（　　）。

A. 发电厂商市场份额过于集中　B. 用户商降低投标价格

C. 部分区域间输电容量约束限制　D. 市场机制设计不完善

26. 在电力市场中引入差价合约，可以被政府用来解决（　　）等问题。

A. 不平衡资金　B. 搁浅成本　C. 市场力控制　D. 可再生能源消纳

27. 按照电力生产的环节电价可以分成（　　）。

A. 容量电价　B. 上网电价　C. 输配电价　D. 销售电价

28. 按照生产流通环节，可以把电价分为（　　）。

A. 销售电价　B. 配电电价　C. 输电电价　D. 上网电价

29. 从电能生产和消费的过程来看，电价可以分为哪几类？（　　）

A. 上网电价　B. 输配电价　C. 标杆电价　D. 销售电价

30. 峰谷分时电价是将一天 24h 划分为（　　）时段，每个时段的电价不同。

A. 峰　B. 谷　C. 平　D. 基

31. 按照电力生产经营的环节，我国电力市场价格体系可分为（　　）三种类型。

A. 上网电价　B. 输配电价　C. 销售电价　D. 线损电价

32. 电力市场引入竞争的主要做法是（　　）。

A. 厂网分开，竞价上网　B. 鼓励售电公司进入市场

C. 在输配电环节引入竞争　D. 降低电价

33. 市场规则设计的合理性和适用性对于以下哪些具有决定性影响？（　　）

A. 电网的安全性　B. 市场运营的稳定性

C. 市场风险　　D. 市场成员的利益

34. 为了保障电力现货市场的竞争性，需要哪些方面的配合？（　　）

A. 制度　　B. 组织　　C. 管理　　D. 技术

35. 我国电力市场体系的特征包括（　　）。

A. 统一性　　B. 开放性　　C. 竞争性　　D. 有序性

36. 直接交易用户准入条件包括（　　）。

A. 符合国家产业政策，单位能耗环保排放均应达到国家标准

B. 拥有自备电源的用户应按规定承担国家依法合规设立的政府性基金，以及与产业政策相符合的政策性交叉补贴和系统备用费

C. 微电网用户应满足微电网接入系统的条件

D. 应向省级政府或由省级政府授权的部门申请，并提交相关资料

37. 电网企业是指拥有输电网、配电网运营权（包括地方电力公司、趸售县供电公司），承担其供电营业区保底供电服务的企业，履行确保（　　）等用电的基本责任。

A. 居民　　B. 农业　　C. 重要公用事业　　D. 公益性服务

38. 优先发电价格按照（　　）相结合的方式形成，实行“保量保价”的优先发电计划电量由电网企业按照政府定价收购，实行“保量限价”的优先发电计划电量通过市场化方式形成价格。

A. 保量竞价　　B. 保量保价　　C. 保量限价　　D. 竞量保价

39. 优先发电主要包括哪些？（　　）

A. 可再生能源　　B. 省内电量

C. 供热机组　　D. 保安全机组

40.（　　）根据交易需求和调度管理关系在相应的电力交易机构办理注册手续。

A. 发电企业　　B. 电力用户

C. 保障民生用电企业　　D. 配售电企业

41.《电力中长期交易基本规则》中规定售电公司的权利和义务包括（　　）等。

A. 参与电力市场化交易　　B. 依规披露和提供信息

C. 获得市场化交易、输配电服务　　D. 务履行清洁能源消纳责任

42.《关于电力交易机构组建和规范运行的实施意见》中电力交易机构组建和规范运行的基本原则包括（　　）。

A. 平稳起步、有序推进　　B. 相对独立、依规运行

C. 规范运作、政府监督　　D. 依法监管、保障公平

43. 保底售电服务的启动条件有（　　）。

A. 售电公司未在截止期限前缴清结算费用

B. 售电公司不符合市场履约风险有关要求

C. 售电公司自愿或强制退出市场，其购售电合同经自主协商、整体转让未处理完成

D. 售电公司不能履约并与保底售电公司协商转让

44. 参加电力市场交易的经济实体，应该是具有（　　）。

A. 独立法人资格　　B. 独立财务核算

C. 信用合格　　D. 能够独立承担民事责的经济实体

45. 参与售电市场交易各方须到电力交易中心注册，获得售电市场准入，成为合规市场主体，按照交易规则开展电力交易，服从（　　）管理和（　　）管理。

A. 统一调度　　B. 收益分配　　C. 用电　　D. 市场运营

46. 电力用户的权利和义务有（　　）。

A. 依法依规披露和提供信息，获得市场化交易和输配电服务等相关信息

B. 依法依规履行清洁能源消纳责任

C. 遵守政府电力管理部门有关电力需求侧管理规定，执行有序用电管理，配合开展错避峰

D. 签订并执行并网调度协议，服从电力调度机构的统一调度

47. 电力用户私有信息包括（　　）。

A. 电力用户用电信息

B. 中长期交易结算曲线

C. 可参与系统调节的响应能力和响应方式

D. 年用电量

48. 电力用户应当披露的公开信息包括（　　）。

A. 企业用电类别　　B. 接入地区

C. 年用电量　　D. 用电电压等级

49. 鼓励售电公司提供（　　）等增值服务。

A. 输配电服务　　B. 合同能源管理

C. 综合节能　　D. 用电咨询

50. 宁夏电力市场零售套餐可分为（　　）。

A. 固定价格类　　B. 约定偏差结算类

C. 市场联动偏差结算类　　D. 价差分成类

51. 市场主体强制退出市场的，原则上该（　　）三年内不得再进入电力市场。

A. 市场主体　　B. 法人代表　　C. 直接责任人　　D. 从业人员

52. 售电公司包括（　　）。

A. 电网企业的售电公司

B. 社会资本投资增量配电网，拥有配电网运营权的售电公司

C. 独立的售电公司，不拥有配电网运营权，不承担保底供电服务

D. 地方电力公司

53. 售电公司的售电成本包括（　　）。

A. 支付给发电企业的购电费用　　B. 阶梯电价

C. 输配电费用　　D. 向终端用户销售电能的成本

54. 售电公司可向用户提供（　　）等增值服务，并收取相应费用。

A. 合同能源管理　　B. 综合节能

C. 合理用能咨询　　D. 用电设备运行维护

55. 售电公司以服务用户为核心，以经济、优质、安全、环保为经营原则，实行（　　）。

A. 自主经营　　B. 自担风险　　C. 自负盈亏　　D. 自我约束

56. 售电公司应当披露的公开信息包括（　　）。

A. 履约保函缴纳信息　　B. 电力业务许可证（供电类）编号

C. 配电网电压等级　　D. 配电区域

57. 售电市场细分的主要依据是（　　）。

A. 投资因素　　B. 电价因素

C. 电力用户规模　　D. 最终使用对象

58. 售电业务面临的风险包括（　　）。

A. 投资风险　　B. 管理风险　　C. 价格风险　　D. 信用风险

59. 以下哪些情形，电力交易机构暂停其交易资格？（　　）

A. 因违反交易规则，经能源监管机构、政府部门核实，并出具正式函件要求限时整改的

B. 因违反市场管理规定，经电力交易机构核实，并出具正式函件通知且拒不改正的

C. 限期整改期间未达到整改要求的

D. 整改期间不完成交割的交易成交电量的

60. 以下哪种情况，电力交易机构可将其强制退出市场？（　　）

A. 市场主体因情况变化不再符合准入条件

B. 市场主体违反国家有关法律法规

C. 市场主体违反市场规则、滥用市场力

D. 市场主体发生窃电行为

61. 以下属于电力交易机构的基本权利和义务的是（　　）。

A. 组织各类中长期交易

B. 负责市场主体的注册管理

C. 按授权拟定相应的电力交易实施细则

D. 负责电力现货市场、辅助服务市场交易组织等工作

62.《电力中长期交易基本规则》规定，电力交易机构向各市场成员提供的结算依据包括（　　）。

A. 分摊的结算资金差额或者盈余　　B. 因偏差电量引起的电费资金

C. 新机组调试电量电价电费　　D. 功率因数调整

63. 按照《售电公司管理办法》（发改体改规〔2021〕1595 号），下列有关交易履约保函描述正确的是（　　）。

A. 履约保函的受益人为与售电公司签署资金结算协议的电网企业

B. 若实际提交的履约保函额度不足时，售电公司应在接到电力交易机构通知的 5 个工作日内，向电力交易机构足额提交。

C. 电力现货市场结算试运行期间，电力交易机构动态监测履约保函额度，每周上报地方主管部门，按月上报国家主管部门。

D. 售电公司未按时足额缴纳履约保函，经电力交易机构书面提醒仍拒不足额缴纳的，取消其交易资格

64. 电网企业根据结算依据对零售电力用户进行零售交易资金结算，对售电公司（　　）进行资金结算。

A. 偏差考核　　B. 批发、零售价差收益

C. 中长期收益　　D. 售电收益

65. 根据《售电公司管理办法》，售电公司参与批发和（或）零售市场交易前，应通过以下额度的最大值向电力交易机构提交履约保函或者履约保险等履约保障凭证。（　　）

A. 过去 12 个月批发市场交易总电量，按标准不低于 0.8 分 /kWh

B. 过去 12 个月批发市场交易总电量，按标准不低于 0.5 分 /kWh

C. 过去 2 个月内参与批发、零售两个市场交易电量的大值，按标准不低于 5 分 /kWh

D. 过去 2 个月内参与批发、零售两个市场交易电量的大值，按标准不低于 8 分 /kWh

66. 电力交易机构向各市场成员提供的结算依据包括（　　）。

A. 实际结算电量　　B. 上下调电量、电价和电费

C. 新机组调试电量、电价、电费　　D. 各类交易合同电量、电价和电费

67. 跨区跨省交易中购电省电网企业落地价格由（　　）构成。

A. 电能量交易价格　　B. 输电价格

C. 辅助服务费用　　D. 输电损耗

68. 跨区跨省输电通道的（　　）按照政府价格主管部门核定标准执行。

A. 电能量交易价格　　B. 输电价格

C. 跨区跨省交易输电损耗　　D. 辅助服务费用

69. 发电企业准入条件包括（　　）。

A. 依法取得发电项目核准或者备案文件

B. 依法取得或者豁免电力业务许可证（发电类）

C. 列入省（自治区、直辖市）政府跨区跨省市场交易主体动态目录

D. 符合国家产业政策

70. 售电公司准入条件包括（　　）。

A. 按照国家、省（自治区、直辖市）售电公司准入与退出有关规定执行

B. 列入省（自治区、直辖市）政府跨区跨省市场交易主体动态目录

C. 依法取得或者豁免电力业务许可证（发电类）

D. 违法排污项目

71.《北京电力交易中心跨区跨省电力中长期交易实施细则》中规定，鼓励新能源企业与（　　）用户开展交易。

A. 储热　　B. 储冷　　C. 电采暖　　D. 储能

72.《北京电力交易中心跨区跨省电力中长期交易实施细则》中规定滚动撮合交易按（　　）原则撮合成交。

A. 时间优先　　B. 价格优先

C. 清洁能源优先　　D. 节能环保优先

73.《电力中长期交易基本规则》中指出，电力中长期交易主要按照（　　）开展。

A. 年度　　B. 季度　　C. 月度　　D. 半年

74.《电力中长期交易基本规则》中规定电网企业的权利和义务包括（　　）等。

A. 保障电网以及输配电设施的安全稳定运行

B. 收取输配电费

C. 服从电力调度机构的统一调度

D. 履行清洁能源消纳责任

75.《关于进一步深化电力体制改革的若干意见》印发后，（　　）、（　　）电力交易中心和各省（区、市）电力交易中心相继成立，在电力市场化交易中发挥了重要作用。

A. 北京　　B. 广州　　C. 长春　　D. 郑州

76. 按照“价补分离”原则，根据政府主管部门核定的新能源全生命周期合理利用小时数和保障利用小时数，推动新能源以（　　）等方式参与市场。

A. 保量保价　　B. 保量不保价

C. 保量限价　　　　　　　　　　　　D. 保量竞价

77. 按照交易数量和维度电力市场体系可分为（　　　）。

A. 电能量市场　　　　　　　　　　B. 电力批发市场

C. 容量市场　　　　　　　　　　　D. 电力零售市场

78. 保障燃煤发电上网电价市场化改革的措施（　　）。

A. 全面推进电力市场建设　　　　　B. 避免不合理行政干预

C. 加强与分时电价政策衔接　　　　D. 加强煤电市场监管

79. 从电力市场交易品种划分，电力市场分为（　　　）。

A. 电能量市场　　　　　　　　　　B. 容量市场

C. 辅助服务市场　　　　　　　　　D. 输电权市场

80. 电力批发市场按其交易标的物的不同，一般可分为（　　）。

A. 电能量市场　　　　　　　　　　B. 发电容量市场

C. 电力辅助服务　　　　　　　　　D. 输电权市场

81. 电力批发市场是指（　　）和（　　）进行大宗电力交易的市场。

A. 发电企业、电力直接交易用户　　B. 发电企业、售电公司

C. 大工业用户、售电公司　　　　　D. 负荷聚合商、售电公司

82. 电力市场交易的结算价格主要有两种形成机制，一是按（　　）结算，二是以（　　）结算。

A. 报价　　　　B. 出清价　　　　C. 节点电价　　　　D. 实时电价

83. 电力市场交易分为（　　　）和（　　　）。

A. 电力批发交易　　　　　　　　　B. 期货交易

C. 股票交易　　　　　　　　　　　D. 电力零售交易

84. 电力市场体系中各类市场的划分维度一般有（　　）等。

A. 交易数量和额度　　　　　　　　B. 市场性质

C. 交易品种　　　　　　　　　　　D. 时间

85. 电力市场体系中各类市场的划分有不同的维度，一般有（　　）等维度。

A. 市场性质　　　　　　　　　　　B. 交易品种

C. 时间　　　　　　　　　　　　　D. 交易数量和额度

86. 电力细分市场因其（　　）不同而彼此独立又相互关联。

A. 市场构架　　　　　　　　　　　B. 市场主体

C. 交易对象　　　　　　　　　　　D. 交易类型

87. 电力直接交易是指符合准入条件的发电企业与电力用户（含售电企业）经（　　　）等方式达成的购售电交易。

A. 双边协商　　　　　　　　　　　B. 集中竞价

C. 挂牌　　D. 现货交易

88. 电力中长期交易现阶段主要包括（　　）交易。

A. 电能量交易　　B. 发电权交易

C. 合同转让交易　　D. 辅助服务交易

89. 电能量交易中的集中交易包含（　　）交易形式。

A. 双边协商　　B. 集中竞价

C. 滚动撮合　　D. 挂牌交易

90. 电能量批发市场按其交易周期长短，通常可分为（　　）。

A. 电力现货市场　　B. 发电容量市场

C. 电能量中长期市场　　D. 输电权市场

91. 根据《电力中长期交易基本规则》文件规定，市场用户的用电价格由（　　）组成。

A. 输配电价格　　B. 电能量交易价格

C. 政府性基金及附加　　D. 辅助服务费用

92. 根据交易时序，电力市场可以分为（　　）。

A. 中长期市场　　B. 日前市场

C. 辅助服务市场　　D. 实时市场

93. 根据市场交易标的，电力市场可以分为（　　）。

A. 辅助服务市场　　B. 中长期市场

C. 电能量市场　　D. 容量市场

94. 鼓励发用电双方建立（　　）的交易关系，科学规避市场风险，防止出现非理性竞争。

A. 长期　　B. 稳定　　C. 短期　　D. 融洽

95. 挂牌交易的主要挂牌信息包括（　　）。

A. 合约周期　　B. 挂牌主体信息

C. 交易电量　　D. 分解曲线

96. 挂牌交易主要包括哪些环节？（　　）

A. 挂牌申报　　B. 摘牌交易

C. 结果发布　　D. 合同签订

97. 关于发电机组申报交易信息，下列正确的有（　　）。

A. 每段需申报出力区间起点、出力区间终点以及该区间报价

B. 每一个报价段的起始出力点必须为上一个报价段的出力终点

C. 报价曲线必须随出力增加单调递增

D. 每段报价的电能量价格均不可超过申报价格的上限、下限限制

98. 关于集中竞争交易结果，下列说法正确的是（　　）。
A. 集中竞争实时成交结果为交易正式结果
B. 集中竞争实时成交结果为交易初步结果
C. 市场主体依据集中竞争交易正式结果签订交易合同
D. 集中竞争交易不再另行签订合同，以交易正式结果作为结算依据
99. 国内电力中长期市场与现货市场的衔接方式包括（　　）。
A. 中长期市场电量合同曲线分解　B. 中长期出力分解
C. 中长期市场的交易执行方式　D. 中长期市场偏差考核
100. 机组电能量报价，每段报价段的长度不能低于机组（　　）与（　　）之差的 10%。
A. 额定有功功率　B. 额定无功功率
C. 额定电压　D. 最小稳定技术出力
101. 机组申报电能量费用时，每段需申报（　　）。
A. 需申报出力区间起点　B. 出力区间终点
C. 该区间的能量价格　D. 爬坡速率
102. 集中竞价中发电企业报价需要考虑的成本包括（　　）。
A. 燃料成本　B. 沉没成本
C. 空载成本　D. 启动成本
103. 交易公告发布内容包括但不限于（　　）；关键输电通道可用输电容量情况；交易的限定条件必须事前在交易公告中明确，原则上在申报组织以及出清过程中不得临时增加限定条件，确有必要的应当公开说明原因。
A. 申报起止时间　B. 交易出清方式
C. 价格形成机制　D. 交易标的
104. 跨区跨省交易中，集中竞价出清算法分为（　　）。
A. 边际电价法　B. 平均电价法
C. 报价撮合法　D. 边际成本法
105. 跨区跨省中长期交易分为（　　）。
A. 跨区跨省辅助服务交易　B. 外送交易
C. 跨区跨省合同交易　D. 发电企业与用户的跨区跨省交易
106. 跨省跨区交易可以采用（　　）的方式交易。
A. 双边协商　B. 集中竞价
C. 挂牌　D. 第三方协调
107. 跨省跨区交易受电地区落地价格由（　　）、输电价格、（　　）、（　　）构成。
A. 电能量交易价格（送端）　B. 电能量交易价格（受端）

C. 辅助服务费用　　　　　　　　　D. 输电损耗

108. 跨省跨区送电由送电、受电市场主体双方在自愿平等基础上，在贯彻落实国家能源战略的前提下，按照“(　　)”原则协商或通过市场化交易方式确定送受电量、价格，并建立相应的价格调整机制。

A. 风险共担　　B. 利益共享　　C. 风险管控　　D. 利益均分

109. 批发市场用户包括下面哪几类？(　　)

A. 直接参与批发市场的电力用户　　B. 售电公司

C. 不直接参与批发市场的电力用户　　D. 零售用户

110. 我国两大组织跨省区交易的电力交易中心是(　　)。

A. 广东电力交易中心　　B. 广州电力交易中心

C. 首都电力交易中心　　D. 北京电力交易中心

111. 下列关于电力市场的描述正确的是(　　)。

A. 现货市场的主要目的是发现电力商品的时间特性和空间特性，以最经济的方式保持电力系统实时供需平衡

B. 如果只有现货市场，市场主体会缺乏规避价格波动风险的手段

C. 如果只有中长期市场，市场主体缺乏足够的信息来判断中长期合同的价值

D. 中长期市场和现货市场相辅相成，缺一不可

112. 下列关于年度集中竞争交易的描述，有误的是(　　)。

A. 年度集中竞争交易的交易标的为次年开始的年度市场合约电量

B. 年度集中竞争交易的交易标的未来 1 ~ 3 年年度市场合约电量

C. 年度市场集中竞争交易每月组织 1 次

D. 售电公司、发电企业、批发用户均可作为买方或卖方参加年度集中竞争交易

113. 下列关于中长期市场的说法，正确的是(　　)。

A. 可以是提前一年的电力合约交易

B. 中长期市场提前较长时间组织交易，以反映中长期的电力供需情况，并使电力生产具有延续性

C. 中长期市场不是电力市场交易的主要部分

D. 现阶段合约市场的交易标的是电能量

114. 现阶段，电力市场主要由(　　)组成。

A. 中长期电能量市场　　B. 容量市场

C. 现货电能量市场　　D. 零售市场

115. 现阶段，我国跨区现货交易结算采用(　　)方式。

A. 日清日结　　B. 日清周结　　C. 日清月结　　D. 月清月结

116. 现阶段新兴电力市场主体主要包括(　　)等。

A. 虚拟电厂　　B. 负荷聚集商

C. 分布式发电　　　　　　D. 储能

117. 依据《电力中长期交易基本规则》，集中交易包括（　　）。

A. 双边交易　　　　　　B. 集中竞价交易

C. 滚动撮合交易　　　　D. 挂牌交易

118. 依据《电力中长期交易基本规则》，中长期电能量交易包括（　　）电量交易等针对不同交割周期的电量交易。

A. 年度　　B. 月度　　C. 月内　　D. 日内

119. 在电力中长期交易中，属于电能量交易的包括（　　）。

A. 年度（多年）电量交易　　B. 月度电量交易

C. 月内（多日）电量交易　　D. 日前电量交易

120. 在现有的交易机制下，发电企业的收益将由（　　）组成。

A. 中长期合约收益　　B. 现货电能量交易收益

C. 辅助服务收益　　D. 容量补偿

121. 在优先安排优先发电合同输电容量的前提下，鼓励（　　）利用剩余输电容量直接进行跨区跨省交易。

A. 电网企业　　B. 发电企业　　C. 售电公司　　D. 电力用户

122. 中长期电能量市场交易品种包括（　　）。

A. 双边协商交易　　B. 集中竞争交易

C. 挂牌交易　　D. 基数合约交易

123. 中长期合约电量包括（　　）等为交易周期的合约电量。

A. 年度　　B. 月度　　C. 周　　D. 日

124. 中长期合约市场与日前市场主要的区别有（　　）。

A. 中长期合约市场以竞争电量为主，日前市场各发电厂直接竞争各个时段的出力

B. 中长期合约市场中考虑的约束条件比较少

C. 日前市场考虑的约束条件比较少

D. 中长期合约市场提前较长时间进行交易

125. 中长期合约要素主要包括（　　）等要素，以电子合同的方式签订。

A. 合约起止时间　　B. 合约电量

C. 交易价格　　D. 交易曲线

126. 中长期交易公告发布内容应当包括（　　）。

A. 交易标的（含电力、电量和交易周期）

B. 交易出清方式

C. 价格形成机制　　D. 申报起止时间

127.《北京电力交易中心跨区跨省电力中长期交易实施细则》中规定，集中竞价

交易中，售电方报价由低到高排序，若报价相同时按（　　　　）顺序出清。

A. 时间优先　　B. 清洁能源优先

C. 节能环保优先　　D. 成本优先

128.《电力中长期交易基本规则》按照交易标的物执行周期不同，将中长期电能量交易分为包括（　　　　）。

A. 年度（多年）电量交易　　B. 月度电量交易

C. 月内（多日）电量交易　　D. 日内电量交易

129. 根据《电力中长期交易基本规则》（发改能源规〔2020〕889 号）文件要求，集中交易包括以下哪些形式？（　　　　）

A. 集中竞价　　B. 滚动撮合　　C. 挂牌　　D. 双边协商

130. 根据《电力中长期交易基本规则》（发改能源规〔2020〕889 号）文件要求，跨区跨省交易受电地区落地价格由哪些部分组成？（　　　　）

A. 送电侧电能量价格　　B. 输电价格

C. 输电损耗　　D. 辅助服务费用

131. 根据《电力中长期交易基本规则》（发改能源规〔2020〕889 号）文件要求，市场用户的用电价格包括哪些部分？（　　　　）

A. 电能量价格　　B. 辅助服务费用　　C. 输配电价　　D. 政府基金及附加

132. 根据《国家发展改革委关于进一步深化燃煤发电上网电价市场化改革的通知》，推动工商业用户都进入市场，取消工商业目录销售电价，保持（　　）用电价格稳定。

A. 居民　　B. 农业　　C. 公益性事业　　D. 商业

133. 可再生能源电力消纳保障机制规定承担消纳责任的市场主体包括（　　　　）。

A. 发电企业　　B. 配售电企业

C. 电力用户　　D. 电网企业

134. 市场交易价格可以通过以下哪些方式确定？（　　　　）

A. 双方自主协商　　B. 挂牌交易

C. 政府定价　　D. 市场集中竞价

135. 下列哪些属于发电机组在日前市场报价要考虑的费用（　　）。

A. 启动费用　　B. 空载费用　　C. 电能费用　　D. 容量费用

136.《北京电力交易中心跨区跨省电力中长期交易实施细则》中规定滚动撮合交易按（　　　　）原则撮合成交。

A. 时间优先　　B. 价格优先　　C. 清洁能源优先　　D. 节能环保优先

137.《北京电力交易中心跨区跨省电力中长期交易实施细则》中规定年度挂牌交易中当某笔挂牌交易需调减售电方申报电量时，由北京交易中心按（　　　　）顺序进行逆序调减。

A. 时间优先　　B. 价格优先

C. 清洁能源优先　　D. 节能环保优先

138. 按照“一个市场、多种产品”的基本原则，同步开展电力（　　）市场的规则设计。

A. 中长期　　B. 现货　　C. 辅助服务　　D. 容量

139. 从客体维度，按其交易标的不同，电力市场通常包括（　　）。

A. 电能量市场　　B. 电力辅助服务市场

C. 输电权市场　　D. 容量市场或容量成本补偿机制

140. 电力批发市场指（　　）进行大宗电力交易的市场。

A. 发电企业和大用户　　B. 供（售）电商

C. 供（售）电商和中小用户　　D. 零售商与大用户

141. 根据《电力中长期交易基本规则》规定，电力调度机构的权利和义务包括（　　）。

A. 披露信息　　B. 安全校核

C. 参与交易　　D. 安排电网运行方式

142. 电力中长期交易市场成员包括（　　）。

A. 发电企业、电网企业　　B. 配售电、电力交易机构

C. 电力调度机构　　D. 电力用户、储能企业

143. 电力中长期市场开展周期一般为（　　）等电力批发交易。

A. 多年、年、季、月、周、多日　　B. 年、季、月、周、多日

C. 多年、年、月、周、多日　　D. 多年、年、季、月、周、日

144. 电能量交易包括（　　）两种形式。

A. 集中交易　　B. 双边协商交易

C. 滚动挂牌交易　　D. 挂牌交易

145. 电能量市场化交易（含省内和跨区跨省）价格包括（　　）电价。

A. 脱硫　　B. 脱硝　　C. 除尘　　D. 超低排放

146.《关于进一步深化燃煤发电上网电价市场化改革的通知》（发改价格〔2021〕1439 号）改革内容包含有（　　）。

A. 有序放开全部燃煤发电电量上网电价

B. 扩大市场交易电价上下浮范围

C. 推动工商业用户都进入市场

D. 保持居民、农业用电价格稳定

147. 根据《电力中长期交易基本规则》规定，年度（多年）交易可通过（　　）或者（　　）的方式开展。

A. 集中竞价　B. 双边协商　C. 拍卖　D. 集中交易

148. 根据《电力中长期交易基本规则》规定，应采用（　　）和（　　）相结合的方式，推动优先发电参与市场，实现优先发电与优先购电规模相匹配。

A. 保量保价　B. 保量限价　C. 保量竞价　D. 保量定价

149. 根据《电力中长期交易基本规则》规定，发电侧上下调预挂牌机制可采用（　　）组织方式。

A. 月度交易结束后，发电机组由报上、下调报价

B. 电力交易机构按照上调报价由低到高排序形成上调机组调用排序列表

C. 机组提供的上调或者下调电量根据电力调度机构的实际调用量进行结算

D. 下调报价由高到低排序形成上调机组调用排序列表

150. 根据《电力中长期交易基本规则》规定，集中交易包括（　　）。

A. 集中竞价交易　B. 滚动撮合交易

C. 场外协商交易　D. 挂牌交易

151. 根据《电力中长期交易基本规则》规定，集中竞价交易中，为避免市场操纵以及恶性竞争可以设置（　　）。

A. 报价或者出清价格设置下限

B. 限制列入黑名单市场主体入市交易

C. 没有出清结果时可以按照上次出清价格出清

D. 报价或者出清价格设置上限

152. 根据《电力中长期交易基本规则》规定，跨区跨省交易受电地区落地价格由（　　）组成。

A. 电能量交易价格（送电侧）　B. 输电价格

C. 辅助服务费用　D. 输电损耗

153. 根据《电力中长期交易基本规则》规定，中长期交易中系统月度实际用电需求与月度发电计划存在偏差时应（　　）。

A. 通过发电侧上下调预挂牌机，制进行处理

B. 通过偏差电量交易进行处理

C. 根据各地实际采用偏差电量次月挂牌进行处理

D. 采用合同电量滚动调整

154. 价差模式是指发电厂在（　　）基础上让利多少，对应用户的电价就在（　　）上降低多少。

A. 交易价格　B. 国家核定价格

C. 输配电价　D. 目录销售电价

155. 跨区跨省交易结算依据由（　　）提供。

A. 组织该交易的电力交易机构　　B. 送端电力交易机构

C. 受端电力交易机构　　D. 所有电力交易机构

156. 跨区跨省月度交易一般分为（　　）、（　　）和（　　）。

A. 月度双边协商　　B. 月度集中竞价

C. 月度挂牌交易　　D. 月度现货交易

157. 跨省跨区优先发电通过（　　）方式开展，逐步推动（　　）交易。

A. 网对网　　B. 点对网　　C. 点对点　　D. 网对点

158. 省间中长期交易形成的联络线外送曲线，包括（　　）。

A. 省间国家指令性计划　　B. 政府间协议

C. 市场化省间交易　　D. 电网公司交易

159. 跨区跨省中长期交易参与的交易主体包括（　　）和电力交易机构、电力调度机构。

A. 电力企业　　B. 电力用户

C. 配售电企业　　D. 电网企业

160. 跨区跨省交易分为发电企业用户的（　　）。

A. 跨区跨省交易　　B. 外送交易

C. 跨区跨省合同交易　　D. 同城交易

161. 集中竞价交易可采用（　　　　）等价格形成机制。

A. 边际出清　　B. 高低匹配

C. 一方挂牌成交　　D. 撮合成交

162. 中长期交易机制，是指以（　　）为基础开展电力交易的市场机制。

A. 年度　　B. 半年度　　C. 季度　　D. 月度

163. 发电权交易主要是指（　　）发电成本高的机组将其计划合同电量的部分或全部出售给发电成本低的机组替代其发电。

A. 引导　　B. 鼓励　　C. 撮合　　D. 促使

164. 按照日清月结的方式，跨区跨省通道形成偏差分为（　　）。

A. 责任偏差　　B. 波动偏差　　C. 绝对偏差　　D. 相对偏差

165. 市场用户的用电价格由（　　　　）等构成，促进市场用户公平承担系统责任。

A. 电能量交易价格　　B. 输配电价格

C. 辅助服务费用　　D. 政府性基金及附加

166. 电网企业出具月度交易电费结算单包括下列哪些内容？（　　）

A. 责任偏差费用　　B. 不平衡资金

C. 电价　　D. 结算电量

167. 北京电力交易中心负责（　　）的偏差结算。

A. 电网企业　　B. 发电企业　　C. 电力用户　　D. 外送电量

168. 当在交易执行过程中出现（　　）执行偏差时，对售电方、购电方原因造成的执行偏差进行责任认定，由北京电力交易中心开展偏差结算。

A. 合同电量　　B. 电力曲线　　C. 剩余通道　　D. 结算电量

169. 跨区跨省优先发电计划和政府间协议价格应随着（　　）的放开采取市场化定价方式，已建立市场化价格机制的执行现行价格机制。

A. 电量计划　　B. 政府定价　　C. 交易双方　　D. 市场化

170. 合同回购交易合同中的补偿价格可包括（　　）等费用。

A. 售电环节　　B. 发电环节　　C. 输电环节　　D. 网损变化

171.（　　）和（　　）申报的用电需求曲线作为日前电能量市场结算依据，不作为日前电能量市场出清的边界条件。

A. 发电企业　　B. 电网公司　　C. 售电公司　　D. 批发用户

172.《关于深化电力现货市场建设试点工作的意见》中指出，根据各电力现货试点地区的电网结构和阻塞情况，可选择采用（　　）等价格机制。

A. 统一结算电价　　B. 节点边际电价

C. 分区边际电价　　D. 系统边际电价

173.《关于做好电力现货市场试点连续试结算相关工作的通知》要求，售电企业及直接参加电力现货交易的电力用户应与发电企业在合同中约定分时结算规则，包括但不限于（　　）等。

A. 固定价格　　B. 分时电价

C. 详细分时结算曲线（组）　　D. 合约周期

174. 按报价结算和按边际出清价格结算的差异（　　）。

A. 报价策略不同　　B. 正确市场主体参与报价的技术门槛不同

C. 社会效益贡献有差异　　D. 适用于不同的市场结构

175. 从市场组织时序来看，电力现货市场运营由以下哪些业务环节开展？（　　）

A. 信息发布　　B. 市场出清

C. 交易结果执行　　D. 交易结算

176. 电力市场的典型模式主要分为集中式模式和分散式模式，其中集中式模式的优点包括（　　）。

A. 针对全电量进行集中竞争与优化安排，市场效益和资源配置效率较好

B. 市场原理引导市场主体按照成本报价，对于市场主体自平衡能力要求较低，易于操作

C. 不同时间尺度的现货市场全量优化，统一的价格信号较明确

D. 市场操纵行为容易事先发现和追责

177. 电力市场的目标模式包括（　　）。

A. 垂直垄断模式　　B. 发电竞争模式

C. 批发竞争模式　　D. 零售竞争模式

178. 电力市场构成要素包括（　　）。

A. 主体　　B. 客体　　C. 价格　　D. 载体

179. 电力市场中的运营组织对象主要包括（　　）。

A. 电网企业　　B. 发电企业　　C. 电力用户　　D. 售电公司

180. 电力现货市场的出清模式包括（　　）。

A. 集中出清模式　　B. 分散出清模式

C. 边际出清模式　　D. 撮合出清模式

181. 电力现货市场的模式和规则设计需要结合各地（　　）的具体情况。

A. 电源结构　　B. 电网特点　　C. 电力市场　　D. 输电线路

182. 电力现货市场第三阶段运行模式主要基于（　　）。

A. 基于需求申报　　B. 基于发电侧申报量价信息

C. 基于用电侧申报量价信息　　D. 基于价格响应

183. 电力现货市场对于电力市场发电侧产业集中度过高和市场力抑制的问题，主要的约束机制有（　　）。

A. 完善电力市场交易体系

B. 市场力抑制机制

C. 信息披露机制

D. 健全的电力市场监管机构和市场合规管理机制

184. 电力现货市场负荷侧节点电价的作用有（　　）。

A. 多维度提升电力系统灵活性，但降低电网调度管理精度

B. 引导企业调整用电结构

C. 促进源网荷储智能互动模式的发展

D. 引导用户侧资源积极参与电网调节，通过市场手段实现系统资源优化配置

185. 电力现货市场结算主要包括（　　）。

A. 电能量市场结算　　B. 辅助服务市场结算

C. 两个细则结算　　D. 市场运营费用结算

186. 电力现货市场模式中，分散式模式适用情况的是（　　）。

A. 电网阻塞少　　B. 电网阻塞多

C. 灵活调节电源占比低　　D. 灵活调节电源占比高

187. 电力现货市场模式中，集中式模式适用情况的是（　　）。

A. 电网阻塞少　　B. 电网阻塞多

C. 灵活调节电源占比低　　D. 灵活调节电源占比高

188. 电力现货市场与电力辅助服务市场的出清模式可以分为（　　）。

A. 单独出清模式　　B. 联合出清模式

C. 市场出清模式　　D. 以上都是

189. 对于（　　）的省份，宜采用集中式模式。

A. 电网阻塞较多　　B. 灵活调节电源占比低

C. 新能源占比高　　D. 市场集中度较高

190. 对于交易出清算法“高低匹配法”下列描述正确的是（　　）。

A. 由市场交易组织方负责匹配交易

B. 存在价差的购售报价均能匹配成交

C. 最高的买价与最低的卖价进行匹配，优先成交

D. 最高买价低于最低卖价时，匹配终止

191. 发电侧报价方式主要有（　　）形式。

A. 报量不报价　　B. 报量报价

C. 报价不报量　　D. 不报价报量

192. 发电企业的日发电量由（　　）等构成。

A. 公益性调节发电计划 + 优先发电权电量

B. 以前定的中长期交易电量分解到日的发电曲线

C. 现货市场竞价中标电量

D. 电网企业结算发电企业在某时段的中标电量

193. 发电企业日发电量在全量量竞价模式由（　　）构成。

A. 公益性发电计划 + 优先发电权电量

B. 调节性发电计划 + 优购电量

C. 已签订的中长期交易电量分解到日的发电曲线

D. 日前市场竞价中标电量

194. 分区边际电价的优点包括（　　）。

A. 价格波动适中　　B. 市场主体相对容易接受

C. 能够防止个别节点高价　　D. 能够体现资源稀缺性

195. 负荷预测按照周期可以分为（　　）。

A. 短期　　B. 超短期　　C. 中期　　D. 长期

196. 根据《电力市场运营系统现货结算功能指南》，成本补偿包括（　　）日前市场成本补偿。

A. 实时市场的成本补偿　　B. 辅助服务市场的

C. 机会成本补偿　　D. 总市场成本补偿

197. 根据现货市场结算价格形成机制不同，发电侧分时电能量结算价格可对应

（　　　　）；或者采用多个时段电能量出清价格的加权平均价作为分时电能量结算价格。

A. 机组申报价格

B. 系统边际电价

C. 机组上网节点所在价区的分区边际电价

D. 机组上网的所在节点的节点电价

198. 关于结算参考点，下列说法正确的是（　　　　）。

A. 同一合同发电和购电的结算参考点可以不同

B. 结算参考点的日前电能量市场价格作为中长期交易差价结算的依据

C. 起步阶段中长期交易合约的结算节点均选取为统一结算点

D. 结算参考点是合约电量结算的唯一节点

199. 关于日前电能量市场出清，下列正确的有（　　）。

A. 竞价日 17:30 前，电力调度机构基于市场成员申报信息进行优化计算，出清得到日前电能量市场交易结果

B. 采用 SCED 程序计算运行日的 96 点机组开机组合

C. 采用 SCUC 程序计算运行日的 96 点机组出力曲线以及分时节点电价

D. 运行日的机组开机组合、机组出力曲线需满足交流潮流安全约束

200. 关于省间市场与省内市场现货交易时序衔接描述不正确的是（　　）。

A. 省内预安排后组织省间交易，再以省间交易为边界开展省内交易

B. 省间预安排后组织省内交易，再以省内交易为边界开展省间交易

C. 省内交易和省间交易同步开展

D. 省内交易后再开展省间交易

201. 关于实时电能量市场的定价机制说法正确的是（　　）。

A. 实时电能量市场采用节点电价定价机制

B. 实时电能量市场结算价格为实时电能量市场的事前出清价格

C. 实时电能量市场结算电量为实际发、用电量

D. 实时电能量市场出清形成每 15min 的节点电价，每小时内 4 个 15min 的节点电价的算术平均值，计为该节点每小时的平均节点电价。

202. 基于（　　　　）和（　　　　）的市场中，如果输电系统发生阻塞，不同节点的出清电价也有所不同，这样会导致市场运营机构从负荷侧收取的电费高于支付给发电侧的电费，这部分差价为输电阻塞造成的交易盈余，称为阻塞盈余。

A. 节点边际电价　　　　B. 区域边际电价

C. 节点电价　　　　D. 分区电价

203. 基于循序渐进的市场设计原则，用户侧参与批发现货市场设计，一般可分为（　）几个阶段。

A. 基于需求的预测信息和价格传导信息的发电竞争
B. 基于需求申报和价格响应的发电竞争
C. 基于发电侧申报量价格信息和用户侧申报量价信息的发电和用电竞价
D. 基于需求的预测信息的发用电双侧竞价

204. 集中竞价的出清方式主要有（　　）。

A. 平均价格结算　　B. 按报价结算
C. 按个别价差返还　　D. 统一价差返还

205. 集中竞价交易中，市场主体申报量价应满足（　　）。

A. 申报价格采用价差形式
B. 申报价格采用绝对价格形式
C. 交易电量应满足交易电量约束
D. 交易电量应为基本单位电量的整数倍

206. 集中竞争交易按标的周期分为（　　）。

A. 年度集中竞争　　B. 季度集中竞争
C. 月度集中竞争　　D. 周集中竞争

207. 集中式模式下一般实时市场每（　　）或（　　）出清一次，以电网实时运行状态下的最优经济调度来实现电力供需平衡。

A.5min　　B.15min　　C.30min　　D.60min

208. 集中式市场模式下，现货市场构成一般选择（　　）。

A. 日前市场　　B. 实时市场
C. 日内市场　　D. 实时平衡市场

209. 集中式现货市场，日前电能量市场采用（　　）、（　　）的方式开展。

A. 全电量申报　　B. 集中优化出清
C. 全电价申报　　D. 分散出清

210. 假设系统中存在 A、B 两个节点，节点电价分别为 0.3 元 /kWh、0.6 元 /kWh，节点负荷分别为 100MWh 和 200MWh，G1 机组在 A 节点，G2 机组在 B 节点，G1、G2 机组均在电能量市场中标，则（　　）。

A. 用户的结算价格为 0.45 元 /kWh　　B.G1 机组结算价格为 0.3/kWh
C.B 节点用户结算价格为 0.6 元 /kWh　　D.G2 机组结算价格为 0.6/kWh

211. 交易主体参与现货市场的方式有（　　）。

A. 发电侧报量报价，用户侧不申报
B. 发电侧报量报价，用户侧报量不报价
C. 发用电双向报量又报价
D. 发电侧报量不报价，用户侧报量报价

212. 节点边际电价的组成一般包含（　　）。

A. 系统电能量价格　　B. 输电阻塞成本

C. 边际网损成本　　D. 辅助服务成本

213. 节点电价由（　　　　）与（　　　　）两部分构成，系统电能价格反映全市场的电力供需情况，阻塞价格反映节点所在位置的电网阻塞情况。

A. 批发价格　　B. 零售价格

C. 系统电能价格　　D. 阻塞价格

214. 竞争性用户是指符合现货市场准入条件的终端电力用户，包括（　　）。

A. 售电公司　　B. 电力直接交易用户

C. 零售用户　　D. 非市场用户

215. 某种电价是在给定的极短时段内向用户提供电能的边际成本，该电价不仅随时间变化，而且区分节点位置。这种电价是（　　）。

A. 边际电价　　B. 上网电价　　C. 调节电价　　D. 实时电价

216. 目前通行的电力现货交易结算价格形成机制有（　　）。

A. 按各市场主体报价结算　　B. 按照边际出清价格结算

C. 按照节点电价结算　　D. 按照系统电价结算

217. 日前市场出清根据（　）形成机组与用户市场出清电价。

A. 市场主体的日前市场申报数据

B. 以长周期机组组合状态、负荷预测、联络线计划等作为市场边界

C. 考虑电网安全约束、机组运行约束、系统约束及其他可行性约束条件

D. 以社会福利最大化或发成本最小化等为目标函数进行优化，集中优化出清次日组合计划和出力计划

218. 日前市场出清计算一般包括（　　　　）等基本功能。

A. 约束条件管理　　B. 数据处理与校验

C. 日前市场出清　　D. 市场出清异常处置

219. 日前市场交易结果的执行方式有哪些？（　）

A. 调度交易合一的电力调度交易机构

B. 调度交易机构分设的调度机构

C. 调度交易机构分设的电力交易机构

D. 政府设立的电力交易中心

220. 容量成本回收机制主要分为（　　）。

A. 容量市场　　B. 容量成本补偿机制

C. 稀缺定价机制　　D. 政府定价

221. 容量市场在实际实施时，需要考虑（　　　　）问题。

A. 容量价格形成机制　　B. 市场时段的划分

C. 容量评估方法　　　　　　　　D. 对于不履行义务者的惩罚方法

222. 省间电力现货交易中，交易路径由（　　）之间的跨省区交直流输电通道和省内重要输电通道顺序链接形成。

A. 卖方节点　　B. 买方节点　　C. 送方节点　　D. 受方节点

223. 省间电力现货市场在跨区域省间富余可再生新能源电力现货市场的基础上扩大市场范围，由“跨区域省间”拓展为全部省间范围；增加市场主体，送端市场主体在可再生能源基础上新增（　　）。

A. 火电企业　　B. 水电企业　　C. 核电企业　　D. 风电企业

224. 实际运行中的典型市场运营费用主要包括（　　）。

A. 成本补偿类费用　　　　B. 市场平衡类费用

C. 市场调节类费用　　　　D. 市场考核类费用

225. 实时电能量市场中，临时新增开机机组（　　）。

A. 所有交易时段均不参与市场定价

B. 所有交易时段均可参与市场定价

C. 仅中标最小稳定技术出力的交易时段不参与市场定价

D. 最小稳定技术出力之上的发电能力中标的时段内可参与市场定价

226. 实时市场出清基本流程（　　）。

A. 根据系统实际运行情况、最新负荷预测需求和实时市场报价

B. 在日前与日内市场确定的机组开停机组合基础上，考虑电网安全约束、机组运行约束、系统约束及其他可行性约束条件

C. 以购电成本最小为目标函数进行优化，采用安全约束经济调度（SCED）算法，每 5min（或 15min）滚动计算未来 1 ~ 2h 的市场出清结果

D. 实时市场出清结果直接送到 EMS 进行控制执行

227. 实时市场出清计算中约束条件管理主要包括（　　）。

A. 机组可调出力约束　　　　B. 机组爬坡速率约束

C. 功率平衡约束　　　　D. 断面限额约束

228. 实时市场根据（　　）与（　　）的差值做偏差结算，偏差结算价格为实时市场出清价格。

A. 实际用电量　　　　B. 年度长协电量

C. 日前市场出清电量　　　　D. 月度长协电量

229. 实时市场预出清中，各试点省根据最新的（　　）信息开展省内实时市场预出清。

A. 发电企业报价　　　　B. 用户报价

C. 电网运行状态　　　　D. 超短期预测

230. 实现电力市场功能的机制有（　　）。

A. 交易机制　B. 价格机制　C. 监管机制　D. 结算机制

231. 市场平衡类费用包括（　　）。

A. 市场结构平衡费用　B. 机组启动补偿费用

C. 阻塞平衡费用　D. 双轨制发电价格补贴

232. 市场用户、售电公司或发电企业支付或获取的电能量总电费，包含（　　）。

A. 电能量电费　B. 偏差及考核电费

C. 退补电费　D. 分摊或返还电费

233. 市场运营机构应当披露的公开信息包括（　　）。

A. 公告类信息　B. 交易公告

C. 交易计划及其实际执行情况　D. 市场主体申报信息和交易结果

234. 完备的电力现货市场必须具有完全竞争市场所需的条件有（　　）。

A. 市场内有众多的买方和卖方

B. 市场内每一个厂商生产的商品是无差异的

C. 所有的经济资源可以在各市场主体间自由流动

D. 市场内从事交易活动的参与者可以平等、完整地掌握市场信息

235. 为了管控现货市场价格波动风险，可以采取以下哪些手段？（　　）

A. 合理设置市场限价　B. 管控中长期电量比例

C. 加强市场价格的监控分析　D. 引入金融衍生品交易

236. 我国电力现货市场结算通常分为哪几个科目？（　　）

A. 电能量费用　B. 辅助服务费用

C. “两个细则”电费　D. 市场运营费用结算

237. 我国省间电力现货市场开展（　　）交易。

A. 日前　B. 日内　C. 实时　D. 实时平衡

238. 我国现行电力销售电价分类包括（　　）。

A. 农业　B. 一般工商业

C. 居民　D. 大工业

239. 系统边际电价的缺点包括（　　）。

A. 对阻塞区的机组不公平，存在低价强卖

B. 高峰低谷价差不大，不能引导低谷用电

C. 市场成员接受难度大

D. 容易出现平衡账户资金问题

240. 系统边际电价是由（　　）构成。

A. 系统电能量电价　B. 输配电价

C. 输电阻塞费用　　　　　　　D. 边际网损费用

241. 系统月度实际用电量需求与月度发电计划存在偏差时，可通过（　　）等偏差处理机制。

A. 发电侧上下调预挂牌机制　　　B. 偏差电量次月挂牌机制

C. 偏差电量月内挂牌机制　　　　D. 合同电量滚动调整

242. 现货电能量市场中用户侧允许申报偏差外收益处理机制，说法正确的是（　　）。

A. 申报的用电需求曲线与其实际用电曲线之间的偏差率不得超出允许偏差范围

B. 只要实际用电与申报的用电需求存在偏差就需要回收偏差外的收益

C. 偏差率以小时为单位计算

D. 回收收益金额为该小时内实际用电量超过允许偏差电量的部分，与实时电能量市场全市场节点的加权平均综合电价的乘积

243. 现货环境下，集中竞争交易开市前1个工作日，交易中心通过交易系统发布市场相关信息，主要包括（　　）。

A. 交易时段、交易标的、交易代码、常用分解曲线等

B. 市场主体范围以及其交易电量约束

C. 本次交易市场主体成交电量上限

D. 基本单位电量、最小变动价位、交易价格约束等

244. 现货期间按周开展各类（　　），进一步提升中长期交易灵活性，实现中长期交易与现货交易有效衔接。

A. 直接交易　　　　　　　　B. 合同转让交易

C. 省内交易　　　　　　　　D. 省外交易

245. 现货市场结算需要保证电能量的采集、传送、处理过程的（　　）。

A. 可靠性　　B. 唯一性　　C. 准确性　　D. 连续性

246. 现货市场下，市场上会产生（　　）等费用，还有需求响应等没有具体消费者的费用，另外对于市场中的贡献者与破坏者，也需要利用结算杠杆来体现与调节，所有这些因素都会产生不平衡费用。

A. 阻塞盈余　　　　　　　　B. 机会成本补偿

C. 运行成本补偿益　　　　　D. 电力损耗

247. 现货市场下发电机组的哪些方面将全部取决于日前和实时市场的出清结果？（　　）

A. 发电时间　　　　　　　　B. 发电出力

C. 启停机　　　　　　　　　D. 爬坡率

248. 现货市场与辅助服务市场的出清模式可以分为（　　）。

A. 独立出清模式　　　　　　B. 联合出清模式

C. 边际出清模式　　D. 耦合出清模式

249. 现货市场中，发电侧存在（　）必开机组结算电价低于成本等额外的运行成本，需要建立成本补偿机制，形成成本补偿价格向发电侧补偿，并向所有参与现货市场交易的电力用户收取。

A. 机组启动成本　　B. 空载成本

C. 传输成本　　D. 上报成本

250. 现货中长期交易市场的主要作用是（　　）。

A. 提前确定大部分交易电量和价格以满足生产计划

B. 为电力生产消费提供中长期价格信号

C. 规避现货市场价格波动，提高企业抗风险能力

D. 大量套利赚取价差

251. 影响电力现货市场电能量出清价格的因素有（　　）。

A. 发电企业市场力　　B. 发电企业电量成本

C. 市场供需比　　D. 输电阻塞

252. 影响现货出清价格的因素有（　）。

A. 发电企业的电量成本　　B. 市场力

C. 输电阻塞　　D. 市场供需比

253. 影响新能源消纳的原因主要有（　　）。

A. 电网发展落后于新能源增长　　B. 需求侧响应不足

C. 系统灵活性资源不足　　D. 新能源增长缓慢

254. 用户侧日前偏差电量为（　　）和（　　）的偏差部分。

A. 日前申报电量　　B. 中长期合约分解电量

C. 实际用电量　　D. 实时市场出清电量

255. 在电力市场中，考虑网络安全约束的机组组合的优化目标是（　）。

A. 系统成本最小　　B. 社会福利最大

C. 系统能耗最低　　D. 购电成本最小

256. 直接参与现货电能量市场的市场主体有（　　）。

A. 电力交易机构　　B. 发电企业

C. 售电公司　　D. 一般用户

257. 电力市场的典型模式分为（　　）。

A. 集中式　　B. 分散式

C. 半集中式　　D. 半分散式

258. 电力市场的竞价机制按照不同的分类标准可以分为（　　）。

A. 静态竞价　　B. 自由式竞价

C. 密封式竞价　　D. 动态式竞价

259. 电力市场对于辅助服务费用的分摊机制也不同，总体来说可分为（　　）等几种方式。

A. 发电企业承担　　B. 终端用户承担

C. 共同承担　　D. 引发责任

260. 分散式日前市场交易以（　　）等作为市场边界，考虑电网安全约束、机组运行约束等，生成次日发电计划，并形成机组与用户市场出清电价。

A. 日交易曲线　　B. 中长期实物合同日分解曲线

C. 负荷预测　　D. 中长期金融合同

261. 实时电能量市场出清机制与日前电能量市场一致的有（　　）。

A. 必开机组　　B. 调试机组

C. 最小连续开机时间内的机组　　D. 深度调峰机组

262. 下列属于成熟的电力现货市场的标志的是（　　）。

A. 社会福利最大化　　B. 社会福利的公平分配

C. 电价有效降低　　D. 可持续安全发展

263. 下列属于全国首批现货试点的省份和地区有（　　）。

A. 蒙西　　B. 山东　　C. 山西　　D. 宁夏

264. 现货电能量市场中用户侧允许申报偏差外收益处理机制，说法正确的有（　　）。

A. 申报的用电需求曲线与其实际用电曲线之间的偏差率不得大于 1

B. 申报的用电需求曲线与其实际用电曲线之间的偏差率不得超出允许偏差范围

C. 偏差率 1h 为单位计算

D. 偏差率以 15min 为单位计算

265. 现货市场价格上下限主要采用（　　）定价方法。

A. 会计成本定价法　　B. 沉没成本法

C. 机会成本法　　D. 搁浅成本法

266. 现货市场中，发电侧存在必开机组结算电价低于（　　）等额外的运行成本，需要建立成本补偿机制，形成成本补偿价格向发电侧补偿，并向所有参与现货市场交易的电力用户收取。

A. 机组启动成本　　B. 空载成本

C. 传输成本　　D. 上报成本

267. 现货市场主要开展（　　）电能量交易。

A. 月度　　B. 日前　　C. 日内　　D. 实时

268. 影响电力现货市场的出清价格的因素有（　　）。

A. 发电厂商电量成本　　B. 发电厂商市场力

C. 输电阻塞　　D. 市场供需比

269. 用户侧实时偏差电量为（　　　）和（　　　）的偏差部分。

A. 日前申报电量　　　　　　　　B. 中长期合约分解电量

C. 实际用电量　　　　　　　　　D. 实时市场出清电量

270. 用户侧现货结算价格加上（　　　），形成市场化用户终端电价。

A. 节点电价　　　　　　　　　　B. 输配电价

C. 政府性基金及附加　　　　　　D. 辅助服务费用

271. 在实时市场，调度机构根据（　　　）进行滚动优化决策，并将其作为实时市场的边界条件。

A. 超短期负荷预测　　　　　　　B. 机组的启停状态

C. 出力曲线　　　　　　　　　　D. 备用计划

272. 在我国，（　　　）负责运营电力中长期交易市场，（　　　）负责运营电力现货市场。

A. 电力交易机构　　　　　　　　B. 电力调度中心

C. 地方政府　　　　　　　　　　D. 电网企业

273.（　　　）可参与省间电力现货交易。

A. 发电企业　　　　　　　　　　B. 电网企业

C. 售电公司　　　　　　　　　　D. 电力用户

274.《关于推进电力市场建设的实施意见》中提到在后期市场条件成熟后，探索开展（　　　）等交易。

A. 发电权市场　　　　　　　　　B. 容量市场

C. 电力期货　　　　　　　　　　D. 衍生品

275.《国家发展改革委 国家能源局关于加快建设全国统一电力市场体系的指导意见》推动电网企业优先执行绿色电力的直接交易结果。做好绿色电力交易与（　　　）的有效衔接。

A. 中长期交易　　　　　　　　　B. 碳排放权交易

C. 绿证交易　　　　　　　　　　D. 现货交易

276. 电力市场合理确定峰谷电价价差，需统筹考虑因素有哪些？（　　）

A. 系统峰谷差率　　　　　　　　B. 新能源装机占比

C. 系统调节能力　　　　　　　　D. 新能源消纳能力

277. 电力现货市场价格上下限这个规则上，国内外区别有（　　　）。

A. 价格下限水平很低　　　　　　B. 定价方法不同

C. 价格上下限受监管　　　　　　D. 定价水平差异很大

278. 电力现货市场有哪些出清机制？（　　　）

A. 节点边际电价　　　　　　　　B. 系统边际电价

C. 分区边际电价　　　　　　　　D. 高低匹配定价

279. 分散式电力市场的中长期合同有哪些特点？（　　）

A. 一般为实物合约

B. 合约电量不参与现货竞价

C. 合约价格与现货市场竞价结果无关

D. 合约曲线将上报调度机构执行交割

280. 根据《关于进一步做好新增可再生能源消费不纳入能源消费总量控制有关工作的通知》（发改运行〔2022〕1258 号）文件，不纳入能源消费总量的可再生能源，现阶段主要包括风电、（　　）等可再生能源。

A. 太阳能发电　　B. 水电

C. 生物质发电　　D. 地热能发电

281. 根据《关于全面放开经营性电力用户发用电计划的通知》，研究推进保障优先发电政策执行，重点考虑（　　）等清洁能源的保障性收购。

A. 核电　　B. 水电

C. 风电　　D. 太阳能发电

282. 根据《关于享受中央政府补贴的绿电项目参与绿电交易有关事项的通知》，由电网企业依照有关政策法规要求保障性收购并享受国家可再生能源补贴的绿色电力，交易方式包括（　　）等。

A. 双边　　B. 滚动撮合

C. 挂牌　　D. 集中竞价

283. 根据《省间电力现货交易规则》，省间交易网络由以下几部分共同组成？（　　）

A. 交易节点　　B. 跨省区交直流输电通道

C. 发电机组　　D. 省内重要输电通道

284. 根据《省间电力现货交易规则》，市场主体申报的分时“电力－价格”曲线应满足的基本要求，以下几项中正确的是（　　）。

A. 每一交易时段（15min）可申报的分段曲线最多为 10 段

B. 卖方市场主体申报的分段曲线要求为单调非递增曲线

C. 买方市场主体申报的分段曲线要求为单调非递增曲线

D. 申报电力最小单位为 1MW，申报价格最小单位为 1 元 /MWh

285. 绿色电力认购证明内容包括（　　）。

A. 买方名称　　B. 购买绿色电力来源

C. 认购电量　　D. 认购电价

286. 省间电力现货交易包括（　　），交易品种为电能量交易。

A. 日前交易　　B. 日内交易

C. 实时交易　　D. 平衡交易

287. 省间电力现货交易由（ ）和（ ）负责组织运营。

A. 国家电力调度控制中心　　B. 区域电力调度控制中心

C. 省级电力调度控制中心　　D. 电力交易机构

288. 省间合同交易按照组织类型分为（ ）。

A. 合同回购　　B. 合同对销

C. 合同转让　　D. 合同置换

289. 省间日前交易每（ ）min 设为一个时段，交易日共分（ ）时段。

A.15　　B.30　　C.48　　D.96

290. 省间现货预校核不通过的交易申请，按照（ ）原则依次调减。

A. 时间优先　　B. 价格优先

C. 可再生能源优先　　D. 节能环保优先

291. 我国电力现货市场主要可开展（ ）的电能量交易。

A. 月内　　B. 日前　　C. 日内　　D. 实时

292. 现货市场价格上下限主要采用哪两种定价方法？（ ）

A. 会计成本法　　B. 机会成本法

C. 可变成本法　　D. 总成本法

293. 由电力交易机构组织的绿电交易，交易方式为（ ）。

A. 双边　　B. 挂牌　　C. 撮合　　D. 集中竞价

294. 市场化方式包括（ ）等。

A. 集中竞价　　B. 公开招标 / 挂牌 / 拍卖

C. 双边协商　　D. 单边主义

295. 电力市场的构成要素主要包括市场主体、（ ）和监管机制。

A. 客体　　B. 载体　　C. 价格　　D. 运行规则

296. 2022 年 1 月 1 日，省间电力现货市场启动试运行，先后完成（ ）结算试运行，从 7 月 1 日起进入半年结算试运行。

A. 年　　B. 周　　C. 月度　　D. 季度

297. 备用独立出清模式下，影响备用中标的主要因素有（ ）。

A. 备用供需情况　　B. 电能市场的中标情况

C. 市场成员的备用申报价格　　D. 市场成员的机组参数

298. 电力用户选择委托代理参与方式参与电力辅助服务时，可由（ ）代理参与。

A. 所有售电公司　　B. 虚拟电厂

C. 聚合商　　D. 代理其参与电力中长期交易的售电公司

299. 发电企业在提供备用服务时会产生（ ）两个方面的成本。

A. 运行成本 B. 电能成本 C. 机会成本 D. 服务成本

300. 绿色电力认证内容包括（ ）。

A. 买家名称 B. 购买绿色电力来源

C. 认证电量 D. 认购电价

301. 市场品种方面，调峰服务包括（ ）等类型。

A. 实时深度调峰 B. 启停调峰

C. 跨省跨区调峰 D. 一次调峰

302. 在电能量与调频联合出清中，参与调频服务的资源进行报价，报价具体包括（ ）。

A. 容量报价 B. 里程报价

C. 愿意提供的调频容量 D. 历史调频数据

303. 在独立出清模式下，影响调频市场中标主要因素有哪些？（ ）

A. 调频供需情况 B. 历史调频服务质量

C. 电能市场中标情况 D. 市场成员调频申报情况

304. 电力辅助服务市场化补偿形成机制应遵循考虑（ ）形成价格的原则。

A. 电力辅助服务成本 B. 合理确定价格区间

C. 通过市场化竞争 D. 合理收益

305. 分布式电源参与电力市场主要考虑（ ）三类模式。

A. 主要进入容量市场 B. 采用净电量计量不进入电力市场

C. 直接进入电力市场批发市场 D. 主要进入售电市场

306. 辅助服务的供应由电力系统需要决定，决定因素有电力系统协调方式、标准、（ ）。

A. 电源结构 B. 电网结构

C. 电力市场管理模式 D. 量测和监视系统

307. 辅助服务市场，遵循按响应时间分类的原则，从快到慢将有功服务分为（ ）调节服务。

A. 一次调频 B. 二次调频 C. 三次调频 D. 四次调频

308. 可再生能源的激励政策主要分两类，基于电量的激励政策和基于价格的政策，以下属于基于电量的有（ ）。

A. 净电量结算 B. 可再生能源消纳责任权重

C. 绿色证书 D. 差价合约

309. 我国调频和备用辅助服务市场采用（ ）模式。

A. 双边协议 B. 与电能量统一出清

C. 独立出清　　　　　　　　　　D. 挂牌

310. 我国开展电力需求侧管理的实施主体主要有（　　）。

A. 电网企业　　　　　　　　　　B. 电能服务机构

C. 售电企业　　　　　　　　　　D. 电力用户

311. 我国需求侧资源参与电力市场的方式有（　　）。

A. 参与电力现货市场　　　　　　B. 参与辅助服务市场

C. 参与中长期市场　　　　　　　D. 参与集中竞价

312. 用户侧参与电能批发市场主要有哪些形式？（　　）

A. 报量不报价　　　　　　　　　B. 不报量报价

C. 报量报价　　　　　　　　　　D. 不报量不报价

313.《电力辅助服务管理办法》，结合当地电网运行需求和特性，按照（　　）、（　　）的原则，确定各类电力辅助服务品种、补偿类型并制定具体细则。

A. 谁提供、谁获利　　　　　　　B. 谁受益、谁承担

C. 谁提供、谁承担　　　　　　　D. 谁承担、谁受益

314.《电力辅助服务管理办法》规定，不具备提供调节能力或调节能力不足的（　　）应按用电类型、电压等级等方式参与分摊电力辅助服务费用，或通过购买电力辅助服务来承担电力辅助服务责任。

A. 新能源电站　　　　　　　　　B. 虚拟电厂

C. 聚合商　　　　　　　　　　　D. 电力用户

315. 不具备提供调节能力或调节能力不足的电力用户、聚合商、虚拟电厂应按（　　）方式参与分摊电力辅助服务费用。

A. 用电量　　　　　　　　　　　B. 用电类型

C. 用电类别　　　　　　　　　　D. 电压等级

316. 电力辅助服务的固定补偿方式确定补偿标准时应综合考虑电力辅助服务（　　）等因素。

A. 成本　　　　　　　　　　　　B. 合理收益

C. 性能表现　　　　　　　　　　D. 分摊主体

317. 电力辅助服务的提供方式分为（　　）和（　　）。

A. 基本电力辅助服务　　　　　　B. 有偿电力辅助服务

C. 无偿电力辅助服务　　　　　　D. 市场化电力辅助服务

318. 电力辅助服务计量的依据有哪些？（　　）

A. 电力调度指令　　　　　　　　B. 调度自动化系统采集的实时数据

C. 电能量计量装置的数据　　　　D. 交易电量

319. 电力辅助服务市场和电力现货市场的关系包括（　　）。

A. 强耦合性　　B. 功能互补性

C. 经济互斥性　　D. 相互依赖性

320. 电力辅助服务主要通过（　　）、（　　）和（　　）三种方式获取。

A. 义务提供　　B. 强制提供

C. 双边合约交易　　D. 集中交易

321. 电力用户参与电力辅助服务可采取以下哪种方式？（　　）

A. 独立参与方式　　B. 与发电企业共同参与

C. 委托代理参与方式　　D. 与电网企业共同参与

322. 对应不同的辅助服务调用方式，补偿机制可以分为（　　）。

A. 实时竞价　B. 双边合约　C. 市场价格　D. 统计成本

323. 辅助服务补偿费用由（　　）共同分摊。

A. 发电企业　　B. 市场化电力用户

C. 非市场化电力用户　　D. 电力调度机构

324. 辅助服务的提供来源有哪些？（　　）

A. 火电机组　　B. 可中断负荷

C. 联络线　　D. 电网设备

325. 根据《完善电力辅助服务（补偿）机制工作方案》，电力用户参与电力辅助服务的方式包含（　　）等。

A. 直接参与分摊电力辅助服务费用　　B. 经发电企业间接承担

C. 购买发电企业辅助服务　　D. 自行提供电力辅助服务

326. 以下哪些辅助服务会进行经济补偿？（　　）

A. 一次调频　　B. 自动发电控制

C. 旋转备用　　D. 黑启动服务

327. 零售用户为准确了解用户的用电量和用电方式并正确引导，须做到（　　）。

A. 鼓励用户安装分时计量的电表

B. 推出更具吸引力的价格引导用户在峰荷时段减少用电

C. 综合考虑影响电力消费的气象、经济、文化等因素

D. 获取足够多的信息

328. 电能结算包括（　　）。

A. 中长期合约分解曲线结算　　B. 日前电能交易结算

C. 日内电能交易结算　　D. 实时电能交易结算

329. 电网企业代理购电价格主要通过（　　）或（　　）形成。

A. 场内挂牌交易　　B. 场内集中竞价

C. 场内现货交易　　D. 竞争性招标方式

330. 电网企业代理购电用户电价包括（　　）。

A. 代理购电价格　　B. 输配电价

C. 利息　　D. 政府性基金及附加

331. 电网企业应当披露的公开信息包括（　　）。

A. 全社会用电量　　B. 重点行业用电量

C. 电网设备信息　　D. 供电区域

332. 根据《关于组织开展电网企业代理购电工作有关事项的通知》规定，电网企业代理工商业用户购电电量来源有（　　）。

A. 市场化方式采购电量　　B. 保量保价的优先发电电量

C. 燃煤发电基数电量　　D. 保量竞价的电量

333. 我国省级电网输配电价按照“准许成本加合理收益”方法核定电网企业的输配电准许收入和平均输配电价。输配电准许收入由（　　）构成。

A. 输配电准许成本　　B. 输配电合理收益

C. 税金　　D. 职工薪酬

334. 我国输配电价由政府价格主管部门按（　　）的原则。

A. 准许成本　　B. 合理收益　　C. 准许收益　　D. 合理成本

335. 我国输配电价政策内涵包括（　　）方式两部分内容。

A. 电价形成机制　　B. 电价执行　　C. 市场形成机制　　D. 输电容量

336. 准许成本法制定的输配电价中包括（　　）。

A. 政府补贴　　B. 准许收益　　C. 税金　　D. 准许成本

337. 依据《国家发展改革委关于组织开展电网企业代理购电工作有关事项的通知》，2021 年 12 月底前，电网企业主要通过（　　）方式代理购电；2022 年 1 月起，电网企业通过参与（　　）方式代理购电。

A. 挂牌交易　　B. 双边交易　　C. 场内集中交易　　D. 竞争性招标

338. 按照《国家发展改革委关于第三监管周期区域电网输电价格及有关事项的通知》（发改价格〔2023〕532 号），系统运行费用包括（　　）等。

A. 辅助服务费用　　B. 抽水蓄能容量电费

C. 上网环节线损费用　　D. 抽水蓄能需量电费

339. 代理购电产生的偏差电量，现货市场运行的地方按照（　　）结算，其他地方按照（　　）价格结算，暂未开展上、下调预挂牌交易的按当地最近一次、最短周期的场内（　　）结算。

A. 现货市场价格　　B. 发电侧上、下调预挂牌

C. 集中竞价出清价格　　D. 双边协商交易价格

340. 当前不平衡费用包括以下哪些？（　　）

A. 双轨制不平衡资金　　B. 阻塞盈余费用

C. 成本补偿费用　　D. 其他费用

341. 电网企业应按要求及时公开代理购电相关信息，原则上应按月发布（　　）。

A. 代理用户分月总电量预测　　B. 相关预测数据与实际数据偏差

C. 采购电量电价结构及水平　　D. 代理购电用户电量和电价执行情况

342. 对暂未直接从电力市场购电的用户，代理购电价格主要通过（　　）方式形成。

A. 场内双边协商　　B. 场内集中竞价

C. 政府定价　　D. 竞争性招标

343. 各电力现货试点地区，清洁能源以（　　）的方式参与电力现货市场，实现清洁能源优先消纳。

A. 报量报价　　B. 报量不报价

C. 不报量报价　　D. 不报量不报价

344. 根据《国家发展改革委办公厅关于组织开展电网企业代理购电工作有关事项的通知》，电网企业要综合考虑（　　）以及（　　）、（　　）等因素，合理确定市场化采购电量规模。

A. 代理购电工商业用户和居民农业用户预测用电量

B. 基数电量

C. 上年度省级电网综合线损率

D. 当地执行保量保价的优先发电电量

345. 优化分时电价机制的举措有（　　）。

A. 建立分时电价机制　　B. 建立尖峰电价机制

C. 健全季节性电价机制　　D. 完善峰谷电价机制

346. 电力用户的（　　）等按照电压等级和类别按实收取，上述费用均由电网企业根据国家以及省有关规定进行结算。

A. 基本电价　　B. 政府性基金及附加

C. 峰谷分时电价　　D. 功率因数调整

347. 发电企业上网电量计量点一般设在产权分界点，并由（　　）在相关合同中进行约定。

A. 发电企业　　B. 监管办

C. 电网企业　　D. 电力调度机构

348. 输电电量计量点原则上应（　　）。

A. 按输电价格核准文件中有关规定设置

B. 与购电电量计量点保持一致

C. 市场主体协商一致

D. 市场主体共同确认

349. 同一计量点应当安装（　　）的主、副电能表各一套，主、副表应有明确标志，以主表计量数据作为结算依据，副表计量数据作为参照。

A. 相同型号　　B. 相同规格

C. 相同精度　　D. 相同大小

350. 北京市电力交易结算采用按（　　）方式，必要时进行年终清算。

A. 季结算　　B. 月清分

C. 月结算　　D. 按照合同周期清算

351. 电力多年交易结算，包括（　　）。

A. 多年交易合同　　B. 年度交易合同

C. 多年交易年度补充合同　　D. 多年交易转让 / 回购交易合同

352. 电力年度交易结算，包括（　　）。

A. 多年交易年度补充合同　　B. 年度交易合同

C. 月内多日交易合同　　D. 年度交易转让 / 回购交易合同

353. 电力月度交易结算，包括（　　）。

A. 年度交易合同　　B. 月度交易合同

C. 月度交易转让 / 回购交易合同　　D. 多年交易年度补充合同

354. 市场交易电力用户（或售电公司）的电费构成包括（　　）。

A. 电量电费　　B. 偏差考核费用

C. 输配电费　　D. 政府性基金与附加

355. 发电企业的电费构成包括（　　）。

A. 电量电费　　B. 偏差考核费用

C. 输配电费　　D. 政府性基金与附加

356. 电力用户（或售电公司）的省间交易电量只结算电度电费，（　　）按相关规定结算。

A. 影响电量　　B. 容量电费

C. 代收基金及附加　　D. 力率考核电费

357. 当在月内交易执行过程中因客观因素预计出现较大电量偏差时，可由有关市场主体提出申请，申请包括（　　）等。

A. 偏差原因　　B. 偏差类型（如正偏差、负偏差等）

C. 影响电量　　D. 容量电费

358.（　　　　）和（　　）根据职能依法履行省（区、市）电力中长期交易监管职责。

A. 国家能源局派出机构　　B. 能源监管办公室

C. 地方政府电力管理部门　　D. 省级交易中心

359. 按照保密要求和披露对象范围，披露的市场信息分为（　　　）、（　　　）和（　　　）。

A. 公众信息　　B. 公开信息　　C. 私有信息　　D. 个人信息

360. 当前电力现货市场合规管理的主要内容包括（　　）。

A. 业务监视　　B. 市场秩序风险监控

C. 市场主体信用管理　　D. 市场分析评估

361. 电力交易机构的职责有（　　）。

A. 负责安全校核　　B. 拟定电力交易实施细则

C. 编制交易计划　　D. 负责市场主体的注册管理

362. 电力交易机构负责市场交易相关的信息披露，主要包括（　　）等信息。

A. 交易规则　　B. 交易实施细则

C. 交易信息　　D. 交易结果

363. 电力交易平台作为国家电网公司对市场主体服务的窗口，在以下哪些环节为市场主体提供相关服务？（　　）

A. 市场注册　　B. 交易申报　　C. 交易结算　　D. 信息发布

364. 电力市场主体包括（　　　）。

A. 各类发电企业　　B. 电力用户

C. 售电公司　　D. 独立辅助服务提供者

365. 电力现货市场出清结果信息应按照（　　　　）原则进行封存。

A. 有记录　　B. 有出清　　C. 能回溯　　D. 可还原

366. 发电企业应当披露的公开信息包括（　　）。

A. 电厂机组信息　　B. 机组出力受限情况

C. 机组检修计划　　D. 机组设备改造计划

367. 交易中心有哪些权责？（　　　　）

A. 负责拟定电力市场结算实施细则及管理制度

B. 负责出具电力市场结算依据

C. 披露电力市场年度、月度、日结算电量电费等信息

D. 建设和运维交易系统，负责结算功能开发、算法维护等工作

368. 市场成员包括（　　　）、（　　　）和（　　　）三类。

A. 政府　　B. 市场主体

C. 电网企业　　　　　　　　　　　　D. 市场运营机构

369. 市场成员应当报送的依申请披露信息包括（　　　　）。

A. 电网企业报送各非市场用户的类型，购售电电量和电价等

B. 电网企业报送市场用户进入市场前的用电信息

C. 电网企业报送能够准确复现完整市场出清结果的电力系统市场模型及相关参数

D. 发电企业报送国际河流水电企业相关数据（如有）

370. 市场竞争所需信息应当充分披露，信息披露主体对其提供信息的（　　　　）负责。

A. 真实性　　　　B. 准确性　　　　C. 完整性　　　　D. 规范性

371. 市场运营机构应当向特定市场主体披露其私有信息包括（　　）。

A. 结算电价　　　　　　　　　　　B. 电费结算依据

C. 中长期结算曲线　　　　　　　　D. 实时节点边际电价

372. 市场运营监管是针对（　　　　）、（　　　　）的全过程监管，重点环节包含市场运行流程、市场边界条件、市场出清结果、合同及结算情况等内容。

A. 中长期市场　　B. 月度市场　　C. 日前市场　　D. 实时市场

373. 市场运营信息披露按照（　　　　）不同时序交易分别披露。

A. 年度　　　　B. 季度　　　　C. 月度　　　　D. 月内

374. 根据《电力市场信息披露管理办法》，下列属于公开信息的是（　　　　）。

A. 发电企业所在地区　　　　　　　B. 售电公司配电区域

C. 电力用户接入地区　　　　　　　D. 电网企业供电区域

375. 根据《电力现货市场信息披露办法（暂行）》，市场运营机构应当披露的公众信息的电力市场规则类信息包括（　　　　）等。

A. 交易规则

B. 交易相关收费标准

C. 制定、修订市场规则过程中涉及的解释性文档

D. 对市场主体问询的答复

376. 根据《电力现货市场信息披露办法（暂行）》，下列信息中不属于电网企业公众信息的有（　　　　）。

A. 供电区域　　　　　　　　　　　B. 市场主体欠费情况

C. 平均售电价格　　　　　　　　　D. 各类型发电机组装机总体情况

377. 市场运营机构包括（　　）。

A. 电力用户　　　　　　　　　　　B. 电力交易机构

C. 电力调度机构　　　　　　　　　D. 电网企业

378. 电力交易机构总体负责（　　　　）。

A. 电力现货市场信息披露的实施　　B. 创造良好的信息披露条件

C. 制定信息披露标准格式　　D. 开放数据接口

379. 现阶段，电力批发市场采用（　　　　）与（　　　　）相结合的市场架构。

A. 中长期电能量市场　　B. 现货电能量市场

C. 电能量市场　　D. 辅助服务市场

三、填空题

1.（　　　　）是一个行业中各市场主体所占行业总收入或总资产百分比的平方和。

2.（　　　　）是指因一种选择而放弃的最好机会的价值。

3.（　　　　）发电成本是指特定发电机组（企业）在一定时期内发电运行成本耗费的平均水平。

4.（　　　　）主要反映发电厂的固定成本，与发电厂类型、投资费用、还贷利率和折旧方式等相关。

5.（　　　　）是电力需求侧管理的主导者，采取必要的管理措施，可以保证技术、经济措施的有效实施。

6.《关于推进电力市场建设的实施意见》中提到要引入市场竞争，打破市场壁垒，无歧视开放电网。具备条件的地区逐步建立以（　　　　）为主、（　　　　）为补充的市场化电力电量平衡机制。

7.“统一市场，两级运作”的市场模式以及（　　　　）调度协同开展生产组织的客观事实，需要一套统一完善、技术先进、运行高效的技术支持系统是提高效率、保障工作目标完成的关键所在。

8.（　　　　）是将分布式发电机组、可控负荷和分布式储能设施有机结合，通过配套的调控技术、通信技术实现各类分布式能源整合调控的载体，以作为一个特殊电厂参与电力市场和电网运行。

9.《北京电力交易中心跨区跨省电力中长期交易实施细则》中参加市场化交易的电力用户全部电量（包含省内和跨区跨省）需通过批发或者零售交易购买，且不得同时参加批发交易和零售交易。所有参加市场化交易的电力用户均不再执行（　　　　）。

10.《关于组织开展电网企业代理购电工作有关事项的通知》中，自2022年1月起，电网企业通过参与场内集中交易的方式代理购电，以（　　　　）方式参与市场出清。

11.《关于全面放开经营性电力用户发用电计划的通知》中明确，积极支持中小用户由（　　　　）代理参加市场化交易。

12.《关于深化燃煤发电上网电价形成机制改革的指导意见》中，居民、农业用电电量以及不具备市场交易条件或没有参与市场交易的工商业用户电量，由电网企业保障供应，主要通过优先发电计划保障，不足部分由所有参与电力市场的发电企业机组（ ）保障。

13.《国家发展改革委办公厅国家能源局综合司关于加快推进电力现货市场建设工作的通知》指出，按照“谁受益、谁承担”原则，加快推动辅助服务成本向（ ）疏导。

14.《关于深化燃煤发电上网电价形成机制改革的指导意见》中，对于（ ）机组利用小时严重偏低的省份，可建立容量补机制，容量电价和电量电价通过市场化方式形成。

15.《电力中长期交易基本规则》（发改能源规〔2020〕889号）的通知，参加市场化交易的电力用户，允许（ ）按照准入条件选择参加批发或者零售交易。

16.1439号文件要求高耗能企业市场交易电价不受（ ）20%限制。

17.1439号文件要求代理购电价格主要通过（ ）或竞争性招标方式形成。

18.1439号文件要求各地要优先将（ ）用于保障居民、农业用电。

19.1439号文件要求加强政策协同，适应工商业用户全部进入电力市场需要，进一步放开各类（ ）。

20.1439号文件要求燃煤发电电量上网电价，通过市场交易在（ ）范围内形成上网电价。

21.2022年1月起，电网企业通过参与场内（ ）方式代理购电。

22.809号文件规定2022年1月起，电网企业通过参与场内集中交易方式代理购电，以（ ）方式、作为价格接受者参与市场出清。

23.809号文件规定代理购电产生的偏差电量，未开展现货运行或未开展上下调预挂牌交易的地方按照最近一次、最短周期（ ）价格结算。

24.809号文件规定代理购电产生的偏差电量，现货运行地方按照（ ）价格结算。

25.809号文件要求取消工商业目录销售电价后，（ ）原则上要直接参与市场交易。

26.根据《电力中长期交易基本规则》规定，市场主体注册信息发生变更时，应当及时向（ ）提出变更申请。

27.根据《售电公司管理办法》（发改体改规〔2021〕1595号）规定，售电公司在批发市场与零售市场应考虑电力辅助服务费用和阻塞费用等费用，相关盈亏由（ ）承担。

28.通过市场化方式形成上网电价的工商业用户用电价格，包括市场化方式形成上网电价、输配电价［含（ ）和（ ）］、政府性基金，不再执行目录电价。

29.在发电企业实际上网电量基础上，扣除各类合同电量、偏差电量后，视为发电企业的（ ）。

30.《电力中长期交易基本规则》中，跨省跨区交易结算，由组织该交易的机构会同受端（　　）向市场成员出具结算依据。

31.《国家发展改革委 国家能源局关于规范优先发电优先购电计划管理的通知》中规定，在消纳受限地区，对未进入市场交易的水电发电量，以机组前（　　）年平均发电量为基础，根据发电空间等比例安排计划。

32.批发交易用户偏差电量分为超用电量和（　　）。

33.新能源发电企业与常规能源发电企业的月内发电权交易按预留（　　）安全校核时间后，根据市场需求组织。

34.（　　）交易中，市场主体通过电力交易平台申报分时段电量、价格等信息，以申报截止前最后一次有效申报作为最终申报。

35.（　　）交易中，在规定的起止时间内，市场主体随时申报购、售电信息，电力交易平台按"时间优先、价格优先、清洁能源优先、节能环保优先"的原则撮合成交。

36.（　　）是指电量出让方、受让方双方在规定的交易时间内，通过电力交易平台发布出让、受让电量信息，并自主选择、认购电量。

37.（　　）主要负责组织中长期市场交易，提供结算依据和服务。

38.《北京电力交易中心跨区跨省电力中长期交易实施细则》中，跨区跨省电力中长期电力用户按照细则参与跨区跨省交易，签订和履行交易合同，提供交易所必需的（　　）以及相关生产信息。

39.北京电力交易中心根据（　　）提供的关键通道年度可用输电容量（ATC），考虑实际情况分通道或集中组织年度交易，形成交易预成交结果。

40.边际电价出清中，卖方报价从低到高、买方报价从高到低排序形成卖方、买方曲线，曲线（　　）对应市场统一出清价格和成交电量。

41.参与交易市场主体还需考虑其完成月度合同电量后的（　　），不得超过其自身发电能力上限。

42.承担消纳责任的市场主体参与电力市场交易时，应当向电力交易机构作出履行（　　）电力消纳责任的承诺。

43.除另有约定外，一旦发生任何一方未能履行购售电合同项下的任何义务的情况，非违约方可向违约方发出有关违约的书面通知，如果在通知发出后（　　）个工作日内，违约方仍未纠正其违约的，应承担相应的违约责任。

44.电力调度机构依据国家行业标准确定相关通道在年度交易中的可用（　　），并在交易公告中及时发布。

45.电力中长期交易、合同调整和合同交易涉及（　　）变化时，必须经安全校核后方可生效。

46.电力中长期交易现阶段主要开展电能量交易，灵活开展（　　），根据市场发展需要开展输电权、容量等交易。

47. 电能量交易包括（　　）两种方式。

48. 短期交易单向报价匹配出清机制采用（　　）。

49. 对交易合同中的（　　）、（　　）等合同要素进行调整时，应签订相关调整变更协议。

50. 对于集中交易，可按照（　　）原则进行削减。

51. 多年交易年度补充合同，可根据电力（　　）形势变化，每年协商达成年度交易，作为多年交易合同的细化和落实。

52. 发电企业参与电力市场化交易，如双边协商交易电量未能达到政府规定的年度长协电量上限，还可以通过年度（　　）方式获得电量。

53. 发电企业签订的中长期合约不应低于或超出其月度实际上网电量的一定比例，对于发电企业低于允许下限或超出允许上限的电量部分，回收或补偿费用按《甘肃电力现货市场交易实施细则》中“省内双轨制不平衡资金”分摊原则在（　　）分摊或返还。

54. 发电企业与售电企业、用户及电网企业签订市场化发购电协议（合同），鼓励签订（　　）合同。

55. 根据《北京电力交易中心跨区跨省电力中长期交易实施细则》，年度中长期交易分月电量及电力曲线及月度各类交易须（　　）进行安全校核。

56. 挂牌交易按照摘牌“时间优先”原则出清。实际操作中，以（　　）分钟为一时段，每时段内摘牌视为时间优先级相同，预成交电量按申报电量等比例分配，具体以交易公告为准。

57. 挂牌交易是市场主体在规定的交易起止时间内挂牌购电或售电信息，电力交易平台按（　　）的优先原则进行滚动撮合交易。

58. 挂牌市场主体申报总电量或电力不得超过（　　）能力或其他约束下挂牌要求。

59. 国家优先送受电计划一般采用（　　）模式。

60. 开展月度双边协商和集中交易，市场主体须签订（　　）。

61. 考虑到电力系统运行的各种不确定性，在进行年、月安全校核时，应留出一定的（　　）空间。

62. 跨区跨省的政府间协议原则上在上一年度的（　　）月底前预测和下达总体电力电量规模和分月计划，由购售双方签订相应的购售电合同。

63. 跨区跨省交易按照自愿参与的原则组织开展，购售双方通过（　　）确定成交价格，第三方不得干预。

64. 跨区跨省交易依据细则开展，结合（　　）执行。

65. 跨区跨省交易应按交易（　　）约定曲线执行。

66. 年度交易组织一般在每年（　　　　　）组织开展下一年度交易。

67. 全国统一电力市场体系指导意见中持续推动电力中长期市场建设要求完善中长期合同市场化调整机制，缩短（　　　），提升（　　　），丰富交易品种。

68. 任何一次交易组织中，同一市场主体不能同时开展购电和售电交易，只能二者选其一，鼓励有关市场主体签订（　　　　　）年以上的跨区跨省交易合同。

69. 日前实时双边交易难以达成意向时，采取（　　　），根据购售电省份供需，实现自动匹配出清。

70. 涉及跨区跨省的交易，须提交相关（　　　　　）机构共同进行安全校核。

71. 市场化交易电量转让分为（　　　　）。

72. 同一市场主体不能同时开展（　　　　　）交易，只能二者选其一，鼓励有关市场主体签订3年以上的省间交易合同。

73. 为遵循集中竞价交易通行做法，规避非统一出清价格带来的信息公开困难、无效搏弈增大、公平公正受到质疑等问题，电力集中竞价交易应优先采取（　　　　）电价机制。

74. 协商交易是交易双方就成交（　　　　　）等合同要素进行协商，然后通过交易市场签订购销合同并进行交割的交易方式。

75. 新能源与常规能源发电企业的发电权交易一般采用（　　　　）。

76. 新能源与常规能源发电企业月内发电权交易的组织方式以（　　　　　）为主。

77. 一类用户购电量上限为当月年度交易分月计划与当月月度竞价成交量之和的（　　　　）。

78. 依据《北京电力交易中心跨区跨省电力中长期交易实施细则》，以跨区跨省优先发电计划作为边界，开展年度双边协商交易、集中交易，市场主体须签订电力曲线合同或明确曲线形成原则，原则上，（　　　）优先其他市场化交易组织。

79. 以（　　　　）分钟为一时段，每时段内摘牌视为时间优先级相同，具体时间规定以交易公告为准。

80. 以（　　　　）形式开展的电力中长期交易鼓励连续开市。

81. 原则上，跨区跨省交易按照合同约定（　　　　）执行，交易执行优先级应与安全校核调减原则保持一致。

82. 月度挂牌交易根据市场交易情况，由北京电力交易中心统一组织月度挂牌交易，根据（　　　　）输电能力确定挂牌交易上限。

83. 月度集中竞价交易多采用（　　　　　）式报价模式，申报上限及每段申报电量比例根据交易公告要求执行。

84. 月内挂牌交易是市场主体根据当月市场电量执行偏差情况开展的市场化交易电量补充交易，一般在每月月度集中竞价交易结束后（　　　　）左右开启。

85. 月内交易主要以（　　　　　）交易方式开展。

86. 月内交易组织月内交易按照“（　　　）”的原则组织，包括电能量交易与合同交易。

87. 月内市场开市期间，每个工作日上午北京电力交易中心常态化受理（　　　　）间交易需求申请，下午发布交易公告。

88. 在不考虑安全约束和输电系统网络阻塞的情况下，电力市场电能交易无约束出清通常采用（　　　　）。

89. 在挂牌交易期间，挂牌市场主体完成挂牌操作后，摘牌市场主体进行摘牌。原则上，如果同一笔挂牌意向被多个市场主体摘牌，原则上按照摘牌“（　　　）”原则依序形成交易合同。

90. 在交易规模方面，以（　　）为主，（　　）为辅。

91. 在优先安排优先发电合同输电容量的前提下，鼓励发电企业、电力用户、售电公司利用剩余输电容量直接进行（　　　）。

92. 在优先安排优先发电合同输电容量的前提下，鼓励发电企业、电力用户、售电公司利用剩余输电容量直接进行（　　　　）交易。

93.（　　　　）是通过比较在一个输电系统内有双边交易和没有双边这个交易的成本变化而得出。

94.（　　　　）是指在现货电能交易中，为满足某一电气节点增加单位用电负荷导致的系统总电能供给成本的增加量。

95.《关于进一步做好电力现货市场建设试点工作的通知》要求第二批现货试点要做好本地市场与省间市场的衔接，符合市场化条件的跨省跨区送电量，存量按照每年不少于（　　　　）的比例放开。

96.《关于深化电力现货市场建设试点工作的意见》中指出，要合理选择现货市场价格形成机制，对于电网阻塞线路多、阻塞成本高的地区，可选择（　　）电价机制。

97.（　　　　）模式适用于阻塞频繁发生在部分输电断面的地区。

98.（　　　　）是电力市场中以有功功率为交易标的物的市场。

99.（　　　　）根据实际上网电量、实际用电量与日前市场出清电量的差值做偏差结算。

100.（　　　）将电能量与调频、备用等同时段交易获取的辅助服务放在统一的数学模型中集中优化，求解得到满足系统安全运行约束的最经济的出清结果。

101.（　　　　）可以反映市场中的某些参与者所具有的能使交易价格偏离完全竞争性市场下所具有的市场价格水平的能力。

102.（　　　　）是指当电网存在输电阻塞时，按阻塞断面将市场分割成几个不同的区域（即价区），并以各区域内边际机组的申报价格作为相应区域市场出清价格。

103.《关于加快推进电力现货市场建设工作的通知》中规定，现货试点地区逐步建立“(　　　　)”的市场机制，在高比例签订中长期合约的基础上，市场主体可根据实际情况灵活确定年度中长期合约电量比例。

104.（　　　　）中标的发电单元申报价格为调频市场的统一出清价格。

105.电力市场以中长期交易（　　　　），以现货市场（　　　　）。

106.电力系统发生紧急情况时，电力调度机构可基于（　　　　）的原则实施调度。

107.电力现货市场出清是基于（　　　　）定价。

108.电力现货市场泛指（　　　　）及更短时间内的电能量交易的市场。

109.集中式电力市场主要以（　　　　）管理市场风险，配合现货市场采用（　　）的电力市场模式。

110.节点电价可以定义为在一定的系统运行状态下，电网中某个节点新增加单位有功功率需求时，在保证电网安全运行的前提下系统所需增加的最小购电成本，反映了不同节点的短期（　　　　）。

111.日前现货市场是指在电能量交割（　　　　）开展的针对次日 24h 的电力交易市场。

112.省间电力现货日内市场以（　　　　）为一个固定交易周期，在日前交易基础上开展未来（　　　　）个点的省间日内现货交易。

113.省间电力现货日前市场以（　　　　）为 1 个点，按日开展次日全天（　　）个点的省间日前现货交易。

114.省间现货交易采用（　　　　）结算机制。

115.省间现货交易采用边际电价结算机制。（　　　　）成交交易对的买卖双方价格算术平均值为该卖方节点竞价出清的边际价格，以此作为该卖方节点所有成交交易的结算价格。

116.实时市场/实时平衡市场是指在实时调度（　　　　）内开展的交易。

117.现货市场是竞争性市场，交易双方按照交易规则，集中在特定的交易平台达成交易，即采取（　　）的方式确定电能交易数量和价格。

118.现货市场主要开展（　　　　）和（　　　　）电能量交易。

119.在功能定位方面，以中长期交易规避风险、锁定收益，以现货交易（　　　　），通过市场化方式保障电力平衡、实现市场均衡。

120.（　　　　）等于在节点上增加单位兆瓦的负荷时，系统以最经济的手段满足该负荷需求所增加的购电成本。

121.《关于做好电力现货市场试点连续试结算相关工作的通知》文件指出要加强市场力风险防范，探索市场力的（　　　　）监控机制。

122.（　　　　）普遍适用于传统计划模式，其主要处理方式是发电机组（用户）在供需低谷时段，在电力调度指令下压低发电出力（提高用电功率），相对发（用）电计划欠发（用）的电量在其他时段补足。

123.《电力辅助服务管理办法》中规定，并网主体参与有偿电力辅助服务时，应根据其提供电力辅助服务的种类和性能，或对不同类型电力辅助服务的差异化需求及使用情况，制定（　　　　）化补偿或分摊标准。

124.《关于进一步做好电力现货市场建设试点工作的通知》引导新能源项目（　　　　）的预计当期电量通过市场化交易竞争上网。

125. 售电公司按照电力交易机构出具的结算依据与（　　　　）进行结算。

126.（　　　　）电价是指电力生产企业向电网经营企业输送电能的结算价格。

127. 计量装置原则上安装在（　　　　），无法安装的，考虑相应的变（线）损。

128.（　　　　）根据结算依据对零售电力用户进行零售交易资金结算，对售电公司批发、零售价差收益、偏差考核进行资金结算。

129.（　　　　）是指发电企业向电网输送电能的结算价格，也是电网的购入价格，计价点在发电企业与电网的产权分界点。

130.（　　　　）是指在发电企业与购电方进行上网电能结算的价格。

131. 电能计量装置即通常所称的电能表，统一由（　　　　）负责安装和数据核抄，所产生的费用计入输配电价成本。

132. 发电机组的（　　　　），是指电网购买发电企业电量的价格，即电网和发电企业的结算价格。

133. 发电企业上网电量电费由（　　　　）支付。

134.（　　　　）是指向所有市场成员公开提供的数据和信息。

135.（　　　　）总体负责电力现货市场信息披露的实施。

136. “交易公告”类信息一般属于（　　　　）信息。

137. 电力交易中心对市场成员的信息披露按（　　　　）开展信息披露工作统计与抽查，按（　　　　）通报统计、抽查情况，按（　　　　）进行总体评价。

138. 信息的封存期限为（　　　　）年，特殊情形除外。

139. 北京电力交易中心采取必要措施保证市场主体按时获得（　　　　），并保证市场范围内私有信息的保密性。

140. 对社会公众、市场成员提出的披露信息异议，由北京电力交易中心组织相关（　　　　）解释、说明或者提供相关资料。

141. 对未按要求及时披露、变更或者披露虚假信息、误导性陈述或者重大遗漏的市场成员，一年之内出现上述情形（　　　　）次以上的，各单位可对其采取警示提醒、约谈、通报、上报监管机构。

142. 加强对市场主体披露信息的管理，切实落实（　　　　）总体负信息披露实施的职责。

143. 市场成员应当遵循及时、准确、完整的原则披露电力市场信息，对其披露信息的（　　　　）负责。

144. 信息披露平台原则上以（　　　　）现有信息平台为基础。

145. 信息披露应当遵循真实、准确、完整、及时、易于（　　　　）的原则。

146. 信息披露主体对其提供信息的（　　　　）负责。

147. 以（　　　　）为基础设立信息披露平台，相关部门按照标准格式通过信息披露平台向交易机构提供信息，由交易机构通过信息披露平台发布信息。

四、判断题

1. 边际成本定价法常常造成收支不平衡。（ ）

2. 边际成本是厂商在短期内增加一单位产量时所增加的成本。（ ）

3. 随着生产要素的增加产量增加的速率都会减小，这种现象称为边际效益递减规律。（ ）

4. 边际成本不包括在某时段内与发电量无关的成本，例如电厂建设成本、固定维护费用等。（ ）

5. 差价合约的交易主体包括购买方和售方，均可以是独立的市场主体或者政府。（ ）

6. 差价合约的结算，如果履约价格高于市场价格，买方付给卖方两价格的差额乘以合同数量。（ ）

7. 单边市场指进行单向交易模式（通称强制电力库，如英国的 pool 模式）的电力市场，其主要特点为单边交易、强制进场。（ ）

8. 当售电方报价曲线与购电方报价曲线没有交叉，且购电方报价始终大于售电方报价时，没有成交电量。（ ）

9. 电价通常由电力商品的供给曲线和需求曲线共同决定。（ ）

10. 如果差价合约的履约价格高于集中市场价格，购买方需要向卖出方支付一定金额，等于这两种价格的差价乘以合约约定的交易电量。（ ）

11. 社会总福利是指消费者剩余和生产者净剩余的总和。（ ）

12. 市场力是指市场主体操纵市场价格，使之偏离市场充分竞争情况下所应达到的价格水平的能力。（ ）

13. 在现货交易报价中，发电企业自身成本测算时，仅需参考燃料成本。（ ）

14. 电力商品的均衡价格是该商品的市场需求量等于市场供给量时的价格，即发电侧供给量与用电侧需求量相等时的价格。（ ）

15. 电力商品既具有普通的商品属性，又具有特殊的物理属性。（ ）

16. 同一配电区域内只能有一家公司拥有该配电网运营权，不得跨配电区域从事配电业务。（ ）

17. 电能的生产、交割和消费几乎是同时完成的，其交割速度远快于一般商品，因此可以像一般商品采用一手交钱一手交货的交易方式。（ ）

18. 广义的电力市场泛指电力流通交换的邻域，狭义的电力市场是指现代竞争性的电力市场。（ ）

19. 根据《关于规范优先发电优先购电计划管理的通知》，对于优先发电、优先购电计划，在民生保障方面，在采暖期应按照以热定电原则安排计划。（ ）

20. 差价合同是指根据事先约定的合约价格以及合约交割对应的市场价格（如现货价格）之差进行结算的一种物理合同。（ ）

21. 合理有效的电力现货市场规则是提高市场效率、发挥市场在资源配置中的基础性作用的关键。（ ）

22. 优先发电是实现风电、太阳能发电等清洁能源保障性收购，确保核电、大型水电等清洁能源按基荷满发和安全运行，促进调峰调频等调节性电源稳定运行的有效方式。（ ）

23. 优先发电是指按照政府定价或同等优先原则，优先出售的电力电量。（ ）

24. 优先购电是指按照政府定价优先购买电力电量，并获得优先用电保障。优先购电用户在编制有序用电方案时列入优先保障序列，可参与限电，初期不参与市场竞争。（ ）

25. 我国电力市场体系的开放性既指各类市场要合规市场主体的无歧视性开放，也指各局部市场之间要相互开放，并按市场提供的价格信号来配置资源，以达到更大范围优化配置电力能源资源的目的。（ ）

26. 根据《关于规范优先发电优先购电计划管理的通知》，清洁能源资源利用保障方面，纳入规划的风能、太阳能发电，在消纳不受限地区按照资源条件对应的发电量全额安排计划。（ ）

27. 挂牌交易的合约周期、交易电量、交易价格、分解曲线等信息由挂牌方确定。（ ）

28. 电力交易机构负责售电公司注册服务，符合准入条件的售电公司自主选择电力交易机构办理注册，获取交易资格。（ ）

29. 电力交易机构将公示期满无异议的售电公司纳入自主交易市场主体目录，实行动态管理并向社会公布。（ ）

30. 电力市场售电企业的合法主体是按照《中华人民共和国公司法》进行工商注册，具有独立法人资格的售电公司。（ ）

31. 售电公司可以采取向发电企业购电、通过集中竞价购电、向其他售电公司购电的方式通过电力市场购电，并将所购电量向用户或其他售电公司销售。（ ）

32. 在《关于电力交易机构组建和规范运行的实施意见》中，对电力交易机构的职能定位是以营利为目的。（ ）

33. 自愿参与市场交易的电力用户可以部分电量进入市场。（ ）

34. 对于在多个省（区、市）开展售电业务的售电公司，需要在注册地提交履约保函或保险。（ ）

35. 根据《售电公司管理办法》，对于在多个省开展售电业务的售电公司，无须分

别提交履约保函或保险。( )

36. 任何情况下不得限制发电企业在自身发电能力范围内的交易电量申报。( )

37. 已直接参与市场交易的高耗能用户，不得退出市场交易。( )

38. 电力零售商对用户的电量不能直接控制，只能通过电表的计量确定用户的实际用电量。( )

39. 电力零售市场是指允许电力零售商进入市场，中小电力用户无权自主选择供电商的售电侧市场形态。( )

40. 应通过以下额度的最大值向电力交易机构提交履约保函或者履约保险等履约保障凭证：①过去 12 个月批发市场交易总电量，按标准不低于 0.8 分 /kWh；②过去 2 个月内参与批发、零售两个市场交易电量的大值，按标准不低于 5 分 /kWh。( )

41. 需拥有 10 名及以上专业人员，至少拥有 1 名高级职称和 3 名中级职称的专业管理人员才符合售电公司的准入条件。( )

42. 办理售电增项业务的发电企业，应当分别以发电企业和售电公司的市场主体类别进行注册。( )

43. 参加市场化交易（含批发、零售交易）的电力用户全部电量需通过批发或者零售交易购买，不得同时参加批发交易和零售交易。( )

44. 参与零售市场的电力用户在同一时期内只可与两家售电公司进行交易。( )

45. 电力交易机构高级管理人员由市场管理委员会推荐。( )

46. 电力零售市场由售电公司与电力用户通过市场化交易形成批发合同。( )

47. 电力市场体系分为区域和省（区、市）电力市场，市场之间不分级别。( )

48. 多个售电公司可以在同一配电区域内售电。同一售电公司可在多个配电区域内售电。( )

49. 发电企业的收益将由中长期合约收益、现货电能量交易收益及辅助服务收益三部分组成。( )

50. 省内一个配电区域内可以有多个售电公司。同一售电公司只可在省内一个配电区域内售电。( )

51. 市场主体不得事后补签中长期合同。( )

52. 市场主体同一时间对于相同交易标的电量可以同时进行买入和卖出交易。( )

53. 售电公司的类别有发电企业的售电公司、拥有配电网运营权的售电公司和不拥有配电网运营权的售电公司。( )

54. 售电公司和批发用户每小时的中标用电量为私有信息。( )

55. 售电公司未及时足额支付相关市场结算费用的，电网企业可使用履约保函清算相关欠费。( )

56. 售电公司自愿或强制退出市场，在完成相关的全部结算程序后，可以申请退还其提交的履约保函。（ ）

57. 同一售电公司只能在一个供电营业区内售电。（ ）

58. 统一出清模式下，影响报价曲线的关键是未成交电量的控制，这些电量报价的变化能影响出清价格。（ ）

59. 在保证电网安全运行的基础上，绿色电力交易合同优先安排，保证交易结果的优先执行。（ ）

60. 在差价合约当中，现货价格高于合约价格，卖方向买方支付金额。（ ）

61. 在交易中心注册的大用户必须直接与发电企业进行交易，或参与集中竞价，不能通过售电公司进行交易。（ ）

62. 在一个配电区域内，只能有一家售电公司拥有该配电网运营权，按照有关规定履行电力社会普遍服务、保底供电服务和无歧视提供配电服务义务。（ ）

63. 在一个完全性竞争市场中，市场价格由供需双方的决策行为共同决定。（ ）

64. 中长期合约的合约要素包括交易单元、合约周期、合约电量、分解曲线、交易价格等。（ ）

65. 根据《售电公司管理办法》，对于在多个省开展售电业务的售电公司，一般要分别提交履约保函或保险，特殊情况除外。（ ）

66. 获得公平的输配电服务和电网接入服务，是电力用户的权利和义务。（ ）

67. 拥有配电网运营权的售电公司应当披露的公众信息包括：披露电力业务许可证（供电类）编号、配电网电压等级、配电区域、配电价格等信息。（ ）

68. 电力用户应当披露的公开信息包括用户类别、接入地区、年用电量、用电电压等级、供电方式、自备电源（如有）、变压器报装容量以及最大需量等。（ ）

69. 参加批发交易的市场主体以及参加零售交易的电力用户均实行市场注册。其中，参加批发交易的电力用户的注册手续和程序可以适当简化。（ ）

70. 参加市场化交易（含批发、零售交易）的电力用户全部电量需通过批发或者零售交易购买，且不得同时参加批发交易和零售交易。（ ）

71. 履约保函是售电公司保证履行市场费用结算义务的担保。（ ）

72. 省内依据省间送受电预计划以及本网运行实际，形成省内开机方式和发电计划的预安排，在此基础上组织省间现货交易。省间交易形成的量、价等结果作为省内交易的边界，省内交易在此基础上开展。（ ）

73. 电力用户应当披露的公开信息包括：企业用电类别、用电户号、接入地区、计量点信息、年用电量、用电电压等级、供电方式、自备电源（如有）、变压器报装容量以及最大需量等。（ ）

74. 电力交易机构应定期对已到保管期限的结算档案进行鉴定。（ ）

75. 涉及未了结事项的结算档案一律不得销毁，保管到未了事项完结时为止。（ ）

76. 售电公司其他费用结算可按照周、月度或者季度为时间周期进行。（ ）

77. 代理购电产生的偏差电量，现货市场运行的地方按照现货市场价格结算。（ ）

78. 发电企业、电网企业进行电费结算时如有不执行国家电价政策、不执行市场规则、擅自改变电价水平和电价机制等行为，能源监管机构有权制止，责令其限期改正，并公示处理结果。（ ）

79. 发电企业、电网企业在电费结算过程中扰乱社会经济秩序，损害社会公共利益构成犯罪的，按照司法程序依法追究刑事责任。（ ）

80. 交易结算科目是交易结算的基础，交易结算单是结算结果的具体展示。（ ）

81. 交易结算单原则上展示交易结算科目的汇总数据，若同一科目涉及多笔交易或多个时段，其明细结算数据也可在交易结算单中展示。（ ）

82. 交易结算单上，当月没有发生业务的交易结算科目可隐藏。（ ）

83. 交易结算附表展示交易结算明细数据，不提供盖章版PDF格式，作为交易结算单附件，具备在线浏览或导出下载功能。（ ）

84. 拥有配电网运营权的售电公司，与电网企业进行电费结算，并按照政府价格主管部门的相关规定，向其支付输电费用。（ ）

85. 零售用户交易结算电费等于零售合约电费加偏差考核电费。（ ）

86. 批发用户按照“合同电量照付不议，偏差电量偏差结算，日结月清”原则进行结算。（ ）

87. 完成市场注册且已开展交易的电力用户，合同期满后未签订新的交易合同但发生实际用电时，不再按照政府目录电价结算。（ ）

88. 系统边际电价是指在现货电能交易中，按照报价从低到高的顺序逐一成交电力，使成交的电力满足系统负荷需求的最后一个电能供应者的报价。（ ）

89. 中长期交易可以实物合同、差价合同等一种或多种形式签订。（ ）

90. 中长期市场根据中长期合约分解电量曲线，采用“日清月结”的方式，按合同约定价格（即按规则分解后的净合约综合价）对中长期合约电量进行电量结算。（ ）

91. 发电企业在单笔电力交易中的售电量不得超过其最大发电能力，购电量不得超过其售出电能量的净值（指多次售出、购入相互抵消后的净售电量）。（ ）

92. 电网企业不可代理发电企业参与跨省跨区中长期交易。（ ）

93.《电力中长期交易基本规则》中规定，安全校核未通过时，由电力交易机构进行交易削减。对于双边交易，可按照价格优先、等比例等原则进行削减。（ ）

94. 跨区跨省年度中长期交易中，新能源发电企业与常规能源发电企业的年度发

电权交易意向在年度集中竞价交易后开展。（ ）

95. 集中竞价交易中，为避免市场操纵以及恶性竞争，可对报价或者出清价格设置上、下限。（ ）

96. 中长期电力交易有日前交易和集中竞价两种交易形式。（ ）

97.《北京电力交易中心跨区跨省电力中长期交易实施细则》中规定，原则上月度合同交易在月度交易之前组织，或随月度交易同时组织。（ ）

98. 标的月是指中长期交易电量的所属月份。（ ）

99. 采用“保量保价”和“保量竞价”相结合的方式，推动优先发电参与市场，不断提高跨区跨省优先发电中“保量竞价”的比例，应放尽放，实现优先发电与优先购电规模相匹配。（ ）

100. 采用边际出清价格结算机制，不利于小发电企业参与公平竞争。（ ）

101. 除国家有明确规定的情况外，双边协商交易原则上不进行限价。集中竞价交易中，为避免市场操纵以及恶性竞争，可对报价或者出清价格设置上、下限。（ ）

102. 电力零售市场一般指零售用户自主选择售电公司进行购电的电力市场。（ ）

103. 电力批发交易是指发电企业、售电公司、电力直接用户之间通过市场化方式进行的电力交易活动的总称。（ ）

104. 电能量与备用独立出清一般是先进行备用市场的申报和出清，再进行电能量市场的申报和出清。（ ）

105. 电能量与辅助服务联合出清指在市场出清计算时，根据电能量与辅助服务的报价，考虑电能量与辅助服务之间的约束耦合关系，以电能量与辅助服务总成本最小为优化目标，通过一次出清计算生成电能量与辅助服务的中标出力及价格。（ ）

106. 挂牌交易指市场主体通过电力交易平台，将需求电量或者可供电量的数量和价格等信息对外发布要约，由符合资格要求的另一方提出接受该要约的申请。（ ）

107. 合约交易是指市场主体通过签订电能买卖合同进行的电能交易，合同价格可以通过双方协商、市场竞争或按国家有关规定确定，合同期限只能按月。（ ）

108. 集中撮合时，当交易对价差为负值时不能成交，价差大的交易对优先成交，交易对价差相同时，申报时间较早的优先成交。（ ）

109. 集中挂牌交易指市场主体通过电力交易平台，将需求电量或者可供电量的数量和价格等信息对外发布要约，由符合资格要求的另一方提出接受该要约的申请。（ ）

110. 交易电量是指根据交易规则对市场合约电量分解，形成对应交易日 24 时合约分时电量。（ ）

111. 与集中交易相比较，双边交易下发电市场将有众多的买方，用户与发电企业直接协商，有利于通过竞争形成经济的价格。（ ）

112. 在电力市场中，双边交易是指买卖双方通过协商进行电力相关交易，确定成

交量及价格，并签订合同。（ ）

113. 在集中式电力市场中，中长期合约是差价合约，有中长期偏差电量考核。（ ）

114. 宁夏中长期分时段连续交易合约电量曲线最终会分解到日以至于每时段。（ ）

115. 发电侧（用电侧）参与宁夏中长期日融合交易不在同一时段即可买入又可以卖出合约电量。（ ）

116. 中长期合约根据合同约定价格（即净合约综合价）和实时市场统一结算点电价的差值作差价结算。（ ）

117. 自动撮合阶段，前一笔交易成交价格小于买方申报价格且大于卖方申报价格时，成交价格为前一笔交易成交价格。（ ）

118. 各类中长期合约、现货市场形成的电能量价格均包含环保电价，各机组市场化电量对应的环保电价不再另行结算。（ ）

119. 电力中长期交易的成交价格由市场主体通过双边协商、集中竞价、挂牌等市场化方式形成，第三方不得干预。（ ）

120. 除国家有明确规定的情况外，双边协商交易、集中竞价交易中，为避免市场操纵以及恶性竞争可对报价或者出清价格设置上、下限。（ ）

121. 对于月度内的交易，参考月度交易的限额制定方法，按照不低于关键通道可用输电容量的 90% 下达交易限额。（ ）

122. 跨区跨省优先发电计划现阶段视为厂网双边交易，纳入省间电力中长期交易范畴，优先安排输电通道，按照合同约定予以保障执行，并作为后续交易开展的边界；各省优先发电合同电量，同样视为厂网间双边交易，纳入各省电力中长期交易范畴。（ ）

123. 跨省跨区送受电中的国家计划、地方政府协议送电量优先发电，暂不承担辅助服务义务，其他跨省跨区送受电参与电力市场。（ ）

124. 采用"保量保价"和"保量竞价"相结合的方式，推动优先发电参与市场，不断提高跨区跨省优先发电中"保量保价"的比例，应放尽放，实现优先发电与优先购电规模相匹配。（ ）

125. 对于风电和光伏发电企业，核定最低保障收购年利用小时数的地区，按照当月实际上网电量以及政府批复的价格水平或者价格机制进行结算。（ ）

126. 依据《电力中长期交易基本规则》，以双边协商和滚动撮合形式开展的电力中长期交易鼓励定期开市，以集中竞价交易形式开展的电力中长期交易应当实现连续开市。（ ）

127. 根据《国家发展改革委关于进一步深化燃煤发电上网电价市场化改革的通知》（发改价格〔2021〕1439 号），对暂未直接从电力市场购电的用户由电网企业代

理购电，代理购电价格主要通过双边协商或场内集中竞价方式形成。 ( )

128. 根据《电力中长期交易基本规则》(发改能源规〔2020〕889号)，跨区跨省交易只可以在区域交易平台开展。 ( )

129. 按照《国家发展改革委 国家能源局 关于做好2023年电力中长期合同签订履约工作的通知》(发改运行〔2022〕1861号)，强化分时段签约，优化时段划分方式，交易时段数量由3～5段增加至5段以上，结合各地实际用电负荷与新能源出力特性，按需明确划分尖峰、低谷时段。 ( )

130. 发电机组和独立新型储能调试运行期上网电量，由电网企业收购，纳入代理购电电量来源。 ( )

131.《电力中长期交易基本规则》中规定发电侧上下调预挂牌机制采用"报价报量"方式，具有调节能力的机组均应当参与上下调报价。 ( )

132.《电力中长期交易基本规则》中规定市场主体对交易结果有异议的，应当在结果发布3个工作日内向电力交易机构提出，由电力交易机构会同电力调度机构在3个工作日内给予解释。 ( )

133. 依据《电力中长期交易基本规则》，参加市场化交易的电力用户可同时参加批发和零售交易。 ( )

134. 各地保量保价的优先发电电量，应超过当地电网企业保障居民、农业用户用电和代理工商业用户购电规模。 ( )

135. 以滚动撮合形式开展的电力中长期交易鼓励连续开市，以双边协商和集中竞价交易形式开展的电力中长期交易应当实现定期开市。 ( )

136. 各类跨省跨区中长期优先发电合同和中长期市场化交易合同双方，均需提前约定交易曲线作为结算依据。 ( )

137. 差价合约的结算，如果履约价格高于市场价格，买方付给卖方这两种价格的差额乘以合同数量。 ( )

138. 挂牌期间，为了保证公平，不仅要公布每个市场成员的挂牌电量和电价，还要公开出价方的市场成员名称。供需双方成交前可以调整挂牌价格。省内优先发电机组等供方可优先摘牌。 ( )

139. 滚动撮合交易是指在规定的交易起止时间内，市场主体可以随时提交购电或者售电信息，电力交易平台按照时间优先、价格优先的原则进行滚动撮合成交。( )

140. 机组实时市场电费是根据机组实际分时上网电量与用户日前市场申报的分时电量之间的差额，以及实时市场节点电价计算偏差电费。 ( )

141. 同一个时间同一用户计量点不能同时属于多个交易单元，该交易单元合同未执行完成前不能变更该交易单元。 ( )

142. 省间优先发电计划电量有"保量保价""保量竞价"两种交易和结算模式。 ( )

143. 双边市场化交易机制建立后，电能结算环节由售电侧单边结算过渡到对购售电双方同时结算。（ ）

144.《关于做好电力现货市场试点连续试结算相关工作的通知》文件中规定电力现货市场结算可以设置不平衡资金池。（ ）

145. 当商品价格高于均衡价格时，供给将会有短缺，出现供不应求；当商品价格低于均衡价格时，供给将会有剩余，出现供大于求。（ ）

146. 电力日内市场主要是为系统运行者进行实时电力平衡提供工具和手段，为市场交易主体的不平衡电量提供结算电价。（ ）

147. 电力市场有别于其他商品市场之处，就在于电力生产、输送、消费必须同时完成，必须保持供需实时平衡。（ ）

148. 电力现货市场泛指日前及更短时间内的电能量交易的市场。（ ）

149. 电力现货市场是指通过交易平台在日前及更短时间内集中开展的次日、日内至实时调度之前电力交易活动的总称。（ ）

150. 电力现货市场一般是指为次日（或未来 24h）电能交易以及为保证电力供需的即时平衡而组织的实时电力交易。（ ）

151. 集中式电力市场模式之一，主要以中长期差价合同管理市场风险，配合现货交易采用全电量集中竞价的电力市场模式。（ ）

152. 双边市场指采用双边交易与平衡机制的市场，其主要特点为交易自由、责任自负。（ ）

153. 在电力现货市场中，价格帽定义为现货批发市场可接受的最高价格。（ ）

154. 现货市场价格上下限主要采用平均成本法和边际成本法两种定价方法。（ ）

155. 省间电力现货交易中，电力调度机构在安排跨省区联络线计划时，最优先安排省间日前现货交易。（ ）

156.《北京电力交易中心绿色电力交易实施细则》（京电交市〔2022〕24 号），绿色电力交易优先组织已纳入国家可再生能源电价附加补助政策范围内的风电和光伏电量参与交易。（ ）

157. 容量成本补偿回收机制主要分为稀缺定价机制、容量成本补偿机制、政府补贴机制。（ ）

158. 实时市场和实时平衡市场是指相对交割时前 0.5h 的电能量交易市场。（ ）

159. 电能与辅助服务市场独立出清模式可以实现最经济的电能与辅助服务安排。（ ）

160. 跨区跨省年度中长期交易中，安全校核需调减售电方申报电量时，由北京电力交易中心按照“价格优先、可再生能源优先、节能环保优先”的顺序逆序调减；优先级相同时，按照“价格优先”的顺序逆序调减。（ ）

161. 系统边际定价、分区边际定价、节点边际定价都是电力市场中的定价方式。（ ）

162. 在现货市场中，市场主体参与省间市场的电量及偏差在省间市场进行结算，参与省内市场的电量及偏差在省内市场进行结算。( )

163. 电费结算采取国家规定的结算方式，由发电企业与交易机构协商一致，在购售电合同中作出明确、合理约定。( )

164.《关于进一步做好电力现货市场建设试点工作的通知》要求将居民、农业、重要公用事业和公益性服务等行业电力用户也纳入市场化交易范围。( )

165.《关于深化电力现货市场建设试点工作的意见》中指出，电力现货市场申报和出清限价设置应以促进用户侧削峰填谷、消纳清洁能源和防范价格异常波动为基本原则，避免因上下限设置不合理而影响价格信号发挥作用。( )

166. 边际电价出清的原则是以所有交易的平均成交电价作为出清电价。( )

167. 从交易范围看，我国电力现货市场由省间现货市场和省内现货市场构成。( )

168. 单独出清模式要考虑电能量和各品种辅助服务的出清次序，一般根据交易标的物重要性由高至低的次序。( )

169. 单一买方模式指的是电网公司作为批发市场唯一买方，零售市场唯一卖方。( )

170. 当发电有剩余时，系统需要将剩余的电量卖给平衡市场成员，参与平衡市场的成员减少发电量，这时的平衡市场被称为下调市场；当发电不足时，系统需要从平衡市场成员那里采购更多的电能，参与平衡市场的成员则需增加发电量，这时的平衡市场被称为上调市场。( )

171. 当前省间现货交易包含日前市场和实时市场两个环节。( )

172. 当日成交电量，下一交易日方可交易。( )

173. 电力交易机构负责运营电力现货市场，开展日前、日内、实时电能量交易和备用、调频等辅助服务交易。( )

174. 电力市场构成要素包括主体、客体、载体、价格和运行规则。( )

175. 电力市场管理委员会主要由电网企业、发电企业、售电公司、电力用户等市场主体按类别选派代表组成。( )

176. 电力市场划分为分散式市场和集中式电力市场。( )

177. 电力现货市场出清价格是根据供需报价和系统网络约束等算法，计算得到每个时刻、某一节点（区域或系统）的电能量成交价格。( )

178. 电力现货市场第二阶段运行模式主要是基于需求申报和价格响应信息的发电竞争。( )

179. 电力现货市场第三阶段运行模式主要是基于发电侧申报量价信息和用电侧申报量价信息的发电和用电竞价。( )

180. 电力现货市场技术支持系统指用于电力现货市场实际运营的技术系统，系统

的运行结果直接影响到市场成员的收益。（ ）

181. 电力现货市场可以找到具体承担的主体。（ ）

182. 电力现货市场下的实时平衡市场适用于集中式模式下的实时出清机制。（ ）

183. 电力现货市场与电力辅助服务市场的出清模式可以分为单独出清模式和联合出清模式。（ ）

184. 电力现货市场中交易的是电能量，但买、卖电报价的标的是各时段的电力。（ ）

238. 电力中长期交易的成交价格应当由市场主体通过双边协商、集中交易等市场化方式形成，第三方适当干预。（ ）

185. 对于电网阻塞较少、灵活调节电源占比高、市场集中度较低、发用电主体市场化程度高的省份，宜采用分散式模式。（ ）

186. 根据实时电价理论，本质上实时电价是由短期边际成本决定的。（ ）

187. 交易出清模式的“高低匹配法”是最高的卖价与最低的买价进行匹配，优先成交。（ ）

188. 交易日内市场主体的已申报未成交电量视同已成交电量纳入可申报电量计算，交易结束后根据交易结果更新。（ ）

189. 节点电价等于在节点上增加单位兆瓦的负荷时，系统以最经济的手段满足该负荷需求所增加的购电成本。（ ）

190. 经过安全校核的日前跨区跨省送电曲线作为受（送）端省份电力现货市场电力的边界条件，偏差部分按照受（送）端省份现货市场规则进行结算。（ ）

191. 跨区域省间富余可再生能源电力现货市场由北京电力交易中心负责组织运营，主要开展富余可再生能源发电交易，利用通道富余能力，促进清洁能源的大范围消纳，实现资源优化配置。（ ）

192. 绿色电力交易分为直接交易和认购交易两种。（ ）

193. 日内交易电量较少，对交易操作的时效性要求较低。（ ）

194. 日前交易市场是指成交日的前一天的市场。（ ）

195. 日前市场和实时市场间的价格收敛，可以削弱市场力、提高服务电力用户的效率。（ ）

196. 容量市场用于购买未来 3 年的容量资源，是实现电能长期可靠供应和电力市场持续发展的基础。（ ）

197. 深度调峰市场在功能上有电力现货市场存在重复，开展电力现货市场的地区没有必要开展深度调峰市场。（ ）

198. 省间、省内市场采取“分层申报、协调出清”模式。（ ）

199. 省间电力现货交易中，买方市场主体申报的分段曲线要求为单调递增曲线。（ ）

200. 省间电力现货交易中，市场运营机构按日组织省间日前现货交易。（　）

201. 实时市场采用“全电量优化”的模式，在实时运行之前，根据最新的预测与系统运行信息对全网的发电资源重新进行全局优化配置。（　）

202. 售电公司和批发用户申报的用电需求曲线作为日前电能量市场出清的边界条件。（　）

203. 系统电能量价格可以反映出全市场的电力供求关系。（　）

204. 新能源参与现货市场需申报发电预测曲线，电力调度机构以申报的预测曲线为基准对新能源进行偏差考核。（　）

205. 在电力现货市场初期，一般采用电能量与辅助服务市场独立出清模式，在市场成熟期，再采用电能量与辅助服务联合出清模式。（　）

206. 在电力现货市场中交易的是电能量，电力现货市场买、卖电报价的标的也是电能量。（　）

207. 在集中式市场模式下，市场主要以中长期差价合约保障市场主体规避价格波动风险，配合现货交易在日前、实时采用全电量集中竞价与优化，保障电力电量平衡。（　）

208. 在现货市场申报前，各发电企业的中长期日结算电量须分解为交割日的分时电量结算曲线。（　）

209. 现货市场运行期间，已通过电能量市场机制完全实现系统调峰功能的，可再设置与现货市场并行的调峰辅助服务品种。（　）

210. 省间电力现货交易中，强制退出的市场主体，3 年内不得参与省间电力现货交易。（　）

211. 负荷预测按周期有超短期、短期、中期、长期之分。（　）

212. 根据《关于进一步做好新增可再生能源消费不纳入能源消费总量控制有关工作的通知》，不纳入能源消费总量的可再生能源，现阶段主要包括风电、太阳能发电、水电、生物质发电、地热能发电等可再生能源。（　）

213. 绿证核发范围基本覆盖所有可再生能源发电项目，建立全国统一的绿证体系，由国家可再生能源信息管理中心根据国家相关规定和电网提供的基础数据向可再生能源发电企业按照项目所发电量核发相应绿证。（　）

214. 全国统一电力市场按照“统一市场、两级运作”进行组织，省间、省内“两级申报，两级出清”。（　）

215. 根据《省间电力现货交易规则》，省间电力现货交易涉及跨省跨区专项工程的按照实际交易电量进行结算。（　）

216. 省内现货市场运行时，省内发电企业实际发电低于省间电力现货交易电力时，省间电力现货交易电力相应减少，发电企业电量按照相关规则进行偏差考核。（　）

217. 绿色电力在交易组织、电网调度、交易结算等方面体现优先地位，在电网保供能力许可的范围内，消费绿色电力比例越高的用户，在实施需求侧管理时越能得到优先保障。（ ）

218. 由电网企业保障性收购的绿色电力产生的附加收益由电网企业单独归集，并以适当方式对冲可再生能源发电补贴。（ ）

219. 可中断负荷是指电网企业通过与用户签订可中断负荷合同，当系统高峰时段电力供应不足时，电网企业可以按照事先与这些用户签订的合同暂时中断用户的部分负荷，从而减少高峰时段的电力需求。（ ）

220. 全电量竞价模式可以有效地还原并体现电力的商品属性，优化资源配置，而且该模式下产生的价格信号促进双边以及多边市场的进一步发育、负荷侧积极响应。（ ）

221. 省间电力现货交易市场主体必须由指定地方政府主管部门负责准入，并在当地电力交易机构注册。（ ）

222. 节点内以及同一省内不同节点间的市场主体可以开展省间电力现货交易。（ ）

223. 省间电力现货交易，主要是指在落实省间中长期交易基础上，利用省间通道剩余输电能力，开展省间日前、日内、实时电能量交易，省间电力现货交易为实物交易。（ ）

224. 根据《关于加快建设全国统一电力市场体系的指导意见》（发改体改〔2022〕118号）有关要求，鼓励新能源报量报价参与现货市场，对报价未中标电量纳入弃风弃光电量考核。（ ）

225. 关于加快推进电力现货市场建设工作的通知（发改〔2022〕129号）提出，要引导绿电中长期交易电价对标燃煤发电市场化交易电价，带有绿证的绿电要合理设置交易价格上限。（ ）

226. 任意一对卖方、买方节点间可选择多条交易路径开展交易，优先选择节点间输电价格（含网损折价）最低的交易路径开展交易。（ ）

227. 在单边现货模式下，用户侧直接以报量报价参与出清、结算，同时在日前市场结束后增加开机组合优化环节以保障电力安全可靠供应。（ ）

228.《关于有序推进绿色电力交易有关事项的通知》中提到，在电网保供能力许可的范围内，消费绿色电力比例较高的用户，同等条件下在实施需求侧管理时优先保障。（ ）

229. 省间电力现货交易中，卖方节点最后一笔成交交易对中买方折算后价格与卖方申报价格的较大值为该卖方节点的边际价格。（ ）

230. 根据《电力现货市场基本规则》，如不开展日前市场，可选择开展日前预出清，日前预出清结果不作为结算依据，不向市场主体披露。（ ）

231. 根据《电力现货市场基本规则》，实时市场中，市场运营机构在运行日根据市场主体申报，在机组组合确定的基础上，考虑电网实际运行状态和物理约束，满足超短期负荷预测和备用需求，以社会福利最大为目标，进行实时市场出清，形成实时市场出清结果。（ ）

232. 根据《电力现货市场基本规则》，市场运营机构在运行日，根据系统运行情况和最新预测信息，滚动优化机组组合，以满足系统平衡要求。（ ）

233. 根据《电力现货市场基本规则》，原则上市场限价不应考虑机组固定成本回收。（ ）

234. 省间现货交易中，同一省内不同节点间的市场主体可以开展省间电力现货交易。（ ）

235. 在合同路径法输电成本分摊中，双边合同应分摊的固定成本为合同经过的各路线分摊成本之和。（ ）

236. 电力中长期交易指发电企业、电力用户、售电公司等市场主体，通过双边协商、集合竞价等市场化方式，开展的多年、年、季、月、周、多日等电力批发交易。（ ）

237. 现货市场主要开展日前、日内、实时的电能量交易，并配套开展备用、调频等辅助服务交易。（ ）

238. 发电侧市场集中度高的地区，宜选择分散式电力市场起步。（ ）

239. 在单边现货市场模式下，用户侧可通过中长期合约约定结算曲线，曲线外偏差按照现货市场结算的方式参与现货市场，可考虑不涉及日前市场，日前出清结果仅作为日前调度运行计划，不进行财务结算。（ ）

240. 省间电力现货交易支出 = 日前现货交易执行电量（卖方节点）× 日前出清价格（卖方节点）+ 日内现货交易执行电量（卖方节点）× 日内出清价格（卖方节点）。（ ）

241. 为了减少计划与市场衔接产生的不平衡资金，各地可采用事后调整中长期交易合同曲线的方式控制不平衡资金。（ ）

242. 实时出清电量用于结算。（ ）

243. 全国统一电力市场体系鼓励新能源报量报价参与现货市场，对报价未中标电量不纳入弃风弃光电量考核。（ ）

244. 某省燃煤发电基准价为 0.46 元 /kWh，燃煤电量全部进入市场后，燃煤电厂 A 在现货交易中申报价格可为 590 元 /MW。（ ）

245. 电力现货交易结算价格机制有两种，一是按各市场主体的报价结算，二是按照平均价格结算。（ ）

246. 省间电力现货交易路径由卖方节点和买方节点之间的跨省区交直流输电通道和省间输电通道顺序链接形成。（ ）

247.《关于推进电力市场建设的实施意见》中提到要建立辅助服务交易机制，按照“谁受益、谁承担”的原则，建立电力用户参与的辅助服务分担共享机制，积极开展跨省跨区辅助服务交易。（ ）

248.《国家发展改革委 国家能源局 关于积极推进电力市场化交易 进一步完善交易机制的通知》中指出拥有燃煤自备电厂的企业可直接将自发自用以外电量按交易规则参与交易。（ ）

249.《国家发展改革委 国家能源局 关于积极推进风电、光伏发电无补贴平价上网有关工作的通知》中指出，对风电、光伏发电平价上网项目和低价上网项目，电网企业应确保项目所发电量全额上网，并按照可再生能源监测评价体系要求监测项目弃风、弃光状况。（ ）

250.《国家发展改革委 国家能源局 关于规范优先发电优先购电计划管理的通知》中规定，清洁能源资源利用保障方面，纳入规划的风能、太阳能发电，在消纳不受限地区按照资源条件对应的发电量全额安排计划。（ ）

251. 从调度组织方式上看，实时市场适用于集中式市场模式，日前与实时交易均通过集中优化方式组织市场交易。（ ）

252. 电力辅助服务是保证电能质量的重要保障，可分为电能量与辅助服务联合出清和独立出清两种出清方式。（ ）

253. 电力实时市场主要是为系统运行者进行实时电力平衡提供工具和手段，为市场交易主体的不平衡电量提供结算电价。（ ）

254. 电力市场交易的结算价格主要有两种形成机制，一是按报价结算，二是以出清价结算。（ ）

255. 电力现货交易价格机制有两种，一种是各市场主体的报价结算，二是按照平均价格结算。（ ）

256. 电力现货市场出清是基于边际成本定价的，因此所有发电厂商单纯靠现货市场均难以回收其全部投资和运营成本，需建立容量成本补偿机制，用于吸引电力投资，保障长期电力供应的充裕度。（ ）

257. 电力现货市场购、售电报价的标的是各时段的电力（即发电机组出力、电力用户的负荷），1 个时段的中标电力乘以时长就是该时段结算的电能量数值。（ ）

258. 电力需求侧管理规划目标主要包括规划期节约的电力和电量、节约的电力运营费和电力设施建设费。（ ）

259. 发电企业偏差电量指发电企业因自身原因引起的超发或者少发电量，超发电量获得售电收入，少发电量支付购电费用。（ ）

260. 分区边际电价是指当电网存在输电阻塞时，按阻塞断面将市场分割成几个不同的区域（即价区），并以各区域内边际机组的申报价格作为相应区域市场出清价格。（ ）

261. 集中式现货模式下，发电机组参与日前现货电能量市场交易，其全天日前计划总电量等于中长期合约量时，所有电量均按中长期合约价进行结算。（ ）

262. 市场运行信息在日前、实时市场出清完成后发布。（ ）

263. 现货日前市场结算电量采用日前市场出清电量与中长期市场总电量的差值进行计算。（ ）

264. 现货日前市场结算时，用电企业（含售电公司）根据日前市场申报电量与中长期合约分解电量的偏差电量，按照日前市场节点电价进行结算。（ ）

265. 在集中式电能量日前现货市场中，机组获得的现货收益与其日前中标电量成正比。（ ）

266. 作为日前市场的延伸，日内市场通过日内连续交易不断修正各市场主体在日前市场形成的发用电计划和实际发用电计划间的偏差。（ ）

267. 联络线波动偏差电量是指调度控制点和计量点之间差异、交流联络线正常功率波动、各类型交易品种结算后的偏差电量。（ ）

268. 跨区跨省交易均应当明确其结算对应计量点。（ ）

269. 计量周期和抄表时间应当保证最小交易周期的结算需要，保证计量数据准确、完整。（ ）

270. 发电企业、跨区跨省交易送受端计量点应当安装电能表一套。（ ）

271. 发电企业、跨区跨省交易送受端计量点以主表计量数据作为结算依据，副表计量数据作为参照，当确认主表故障后，副表计量数据替代主表计量数据作为电量结算依据。（ ）

272. 多台发电机组共用计量点且无法拆分，各发电机组分别结算时，按照每台机组的实际发电量等比例计算各自上网电量。（ ）

273. 风电、光伏发电企业，可以按照每台机组实际发电量等比例拆分共同计量点的上网电量。（ ）

274. 省间电网跨区域输入电量中可再生能源电量，通过电力交易方式进行的，根据电力交易机构的结算电量确定。（ ）

275. 对通过电力市场化交易的可再生能源电量，按交易结算电量计入购电市场主体的可再生能源电力消纳量。（ ）

276. 新能源发电企业参与年度交易形成的合同为优先发电计划内电量，按照年度双边协商形成的价格结算。（ ）

277. 合同转让交易价格为合同或指标电量的出让或者受入价格，不得影响出让方原有合同的价格和结算关系。（ ）

278. 月度结算时，若购售双方对合同条款存在争议时，北京电力交易中心可暂不结算或以临时价格进行结算。（ ）

279. 相关省级电力交易机构在跨区跨省交易结算结果的基础上开展省内结算工

作，必要时通过月度滚动调整。（ ）

280. 细化结算原则和结算流程，特别是明确偏差电量结算处理规则，依规分摊偏差电量费用，确保结算工作规范、准确、及时开展。（ ）

281. 参与现货市场的发电企业、电力用户按现货市场规则所规定的价格机制进行结算。零售电力用户以售电公司与其签订的零售电价作为结算价格。（ ）

282. 发电企业、电网企业在电费结算过程中发生争议，双方可自行协商解决。无法达成一致的，可向能源监管机构申请调解，争议和调解不得影响无争议电费的结算。（ ）

283. 发电企业、电网企业应当按照电力交易监管有关规定，向能源监管机构报送电费结算情况。（ ）

284. 现货市场运行后，市场主体中长期交易合同可以不分到时段，仅日前现货市场合约按小时结算。（ ）

285. 代理购电产生的偏差电量，现货市场运行的地方按照现货市场价格结算，其他地方按照发电侧上、下调预挂牌价格结算。（ ）

286. 电力现货交易不平衡费用在结算过程中有明确的承担主体，需要向全部市场主体或部分市场主体分摊或返还的费用。（ ）

287. 电力现货市场采用“日清月结”的结算模式，电费计算周期为15min，以小时为基本计算时段，出具日清算临时结算结果，以日为周期发布正式结算依据，开展电费结算。（ ）

288. 电力市场中的电费结算方式与电力市场组织模式、交易品种、竞价方式、电价机制和分摊机制等因素密切相关，因此在探讨中长期市场与现货市场在电费结算方面的关系时，需要全面讨论多种电力市场运行机制下的市场交易模式。（ ）

289. 年度交易结算以交易结果和当月的分月计划作为交易结算和考核依据。（ ）

290. 电力用户如按市场化交易电价结算，应承担相应的调峰服务费用。（ ）

291. 优先购电电量结算电价等于政府规定的电力用户目录电价。（ ）

292. 跨省跨区交易电费结算时，送端电网电费结算按跨省跨区交易电费结算。（ ）

293. 对于需要以日计划为结算依据的电力交易，电网企业向电力交易中心提供日前初始计划和日内的临时调整计划。（ ）

294. 电网企业的结算依据均由电力交易机构提供。（ ）

295. 核电按市场化交易电量优先结算、基数电量月度滚动预测方式执行。（ ）

296. 每月、月末分两次，发电企业向电网企业财务部开具发票进行资金结算。（ ）

297. 对于同一个市场成员，多个用电户号共同签订市场化交易合同的情况，按照各用电户号的月末实际用电量进行合同结算电量的拆分。（ ）

298. 优先发电量结算电价等于同期市场化交易成交价格。（ ）

299. 若当月无合同电量转让，则按照最近两个月的省内合同电量转让平均电价结算。（ ）

300. 在电力市场过渡时期，发电企业市场化交易合同结算可采用“月度结算，年度清算”的方式进行。（ ）

301. 在电能量与调频联合出清中，参与调频服务的资源进行报价，报价具体包括容量报价、里程报价和愿意提供的调频容量三个部分。（ ）

302. 电力辅助服务市场是与电力现货市场伴生的，在时间维度上与电力现货市场的细分存在一一对应关系。（ ）

303. 辅助服务经济补偿的基本出发点就是对服务提供者由于提供辅助服务发生的成本进行经济补偿。（ ）

304. 高低匹配指卖家按照报价由高到低依次排优先级，买家按照报价由低到高依次排优先级，首先撮合优先级最高的买家和卖家，然后优先级次高的市场成员的交易方式。（ ）

305. “两个细则”规定了我国电力辅助服务的基本内容，其原则是“谁受益、谁承担”。（ ）

306. 发电企业“两个细则”电费分为提供辅助服务所得费用（辅助费用）、考核费用、分摊费用和返还费用四部分。（ ）

307. 发电企业的准入条件要满足国家和行业有关发电企业并网规范、电网调度运行技术标准要求。（ ）

308. 根据供需双方事先的合同约定，在电网峰荷时段调度机构向用户发出信号，经用户响应后中断部分负荷的做法是可中断负荷控制。（ ）

309. 在对场外交易的合同进行转让时，标准化合同往往对市场参与者具有较强的吸引力。（ ）

310. 根据《关于进一步推动新型储能参与电力市场和调度运用的通知》，独立储能电站向电网送电的，其相应充电电量承担输配电价和政府性基金及附加。（ ）

311. 根据《电力辅助服务管理办法》，为电力系统运行整体服务的电力辅助服务，补偿费用由发电企业、市场化电力用户等所有并网主体共同分摊。（ ）

312. 不具备提供调节能力或调节能力不足的电力用户、聚合商、虚拟电厂，应按用电类型、电压等级等方式参与分摊电力辅助服务费用。（ ）

313. 日内市场通常采取先到先得、价格优先的原则进行滚动连续出清。（ ）

314. 备用是指为保证电力系统可靠供电，并网主体通过报价预留调节能力，并在规定的时间内响应调度指令所提供的服务。（ ）

315. 无功平衡服务是指发电机不发出有功功率，只向电网输送感性无功功率的运行状态，起到调节系统无功、维持系统电压水平的作用。（ ）

316. 根据《电力辅助服务管理办法》，电力辅助服务的种类分为有功平衡服务、无功平衡服务两类。（ ）

317. 根据《电力辅助服务管理办法》，电力用户参与电力辅助服务仅可采用独立参与方式。（ ）

318. 根据《电力辅助服务管理办法》，固定补偿方式确定补偿标准时应综合考虑电力辅助服务成本、性能表现及合理收益等因素，按“补偿成本、合理收益”的原则确定补偿力度。（ ）

319. 电力辅助服务的种类十分丰富，可以从不同的角度进行分类，但并不是每一个种类的电力辅助服务都可成一个次子市场。（ ）

320. 电力用户可通过独立或委托代理两种方式参与电力辅助服务，其费用分摊可采取直接承担或经售电企业间接承担两种方式。（ ）

321. 出清方式方面，各省市辅助服务市场主要采用独立出清方式，仅有少量省市考虑辅助服务市场与电能量市场的联合出清。（ ）

322. 电力辅助服务主要通过强制提供、双边合约交易和集中交易三种方式获取。（ ）

323. 发电容量市场是指以可靠性装机容量为交易标的物的市场。发电容量市场的主要目的是保证系统总装机容量的充裕性，并为提供了可靠装机容量的机组给予必要的补偿。（ ）

324. 辅助服务按响应时间分类的原则，从快到慢依次将有功服务分为一次调频（频率保持）、二次调频（频率恢复）和三次调频（经济调度原则下的替代备用）等三种频率调节服务。（ ）

325. 跨省跨区电力辅助服务费用随跨省跨区电能量交易电费一起结算。（ ）

326. 市场主体的合同电量和偏差电量分开结算。（ ）

327. 电量电价随区域电网实际交易电量收取；容量电价随各省级电网终端销售电量（含市场化交易电量）收取。（ ）

328. 电网企业与电力用户交易的保底价格在电力用户缴纳输配电价的基础上，按照政府核定的目录电价的 1.5 倍执行。（ ）

329. 区域电网输电价格，先核定区域电网输电业务的准许收入，再以此为基础核定。区域电网输电价格在每一监管周期开始前核定，监管周期为三年。（ ）

330. 高耗能企业市场交易电价上下浮动原则上均不超过 20%。（ ）

331. 不平衡费用是结算过程中没有明确承担主体，需要向全部市场主体分摊或返还的费用。（ ）

332. 不平衡费用是结算过程中没有明确承担主体，需要向全部市场主体或部分市场主体分摊或返还的费用。（ ）

333. 电网企业使用履约保函清算相关欠费后，售电公司无须补充相应的履约保函

额度。（ ）

334. 对于电网阻塞较多、灵活调节电源占比高、新能源占比高的省份，宜采用集中式模式。（ ）

335. 交易机构负责出具结算依据，电网企业据此向市场主体开展结算，收取及支付电费。（ ）

336. 零售用户在零售市场以日清月结的方式进行结算。（ ）

337. 批发用户根据历史实用电量确定净合约量上限，售电公司历史实用电量为其所代理用户实用电量之和。（ ）

338. 用户侧中长期超额获利回收费用由所有发电企业按直接交易合同电量比例进行返还。（ ）

339. 代理购电产生的偏差电量，在现货市场未运行的地方按当地最近一次、最短周期的场内集中竞价出清价格结算。（ ）

340. 按照《国家发展改革委关于第三监管周期区域电网输电价格及有关事项的通知》（发改价格〔2023〕532 号），100～315kVA 的工商业用户，执行单一制或两部制电价。（ ）

341. 完成市场注册且已开展交易的电力用户，合同期满后未签订新的交易合同但发生实际用电时，按照保底价格进行结算。（ ）

342. 电网企业代理购电的工商业用户，可在每季度最后 15 日前选择下一季度起直接参与市场交易，电网企业代理购电相应终止，产生的偏差按照市场价格考核。（ ）

343. 电网企业要对分时电价收入情况单独归集、单独反映，产生的盈亏纳入其为保障居民、农业用电价格稳定产生的新增损益统筹考虑。（ ）

344. 电网企业为保障居民、农业用电价格稳定产生的新增损益（含偏差电费），按月由全体用户分摊或共享。（ ）

345. 由电网企业代理购电的工商业用户，可再选择参与市场交易，电网企业代理购电相应终止，由此产生的偏差责任由代理购电用户自行承担。（ ）

346. 按出清价结算是指在电力市场中中标的市场交易主体按其申报的买电 / 卖电价格进行结算。（ ）

347. 电力交易机构根据电网企业抄录的电能计量装置数据向各市场主体提供结算依据。（ ）

348. 未实现自然月购售同期抄表结算的地区，暂按电网企业抄表结算周期执行。（ ）

349. 已开展市场化交易的电力辅助服务品种，根据市场交易规则进行清算、结算。（ ）

350. “交易公告”类信息一般属于公众信息。（ ）

351.《电力现货市场信息披露办法（暂行）》所称市场主体是指参与电能量买卖或者辅助服务买卖的市场成员。（ ）

352.《电力现货市场信息披露办法（暂行）》所称信息披露是指信息披露主体提供、发布与中长期市场交易相关信息的行为。（ ）

353.《电力现货市场信息披露办法（暂行）》中的公众信息是指向所有市场成员披露的信息。（ ）

354.《电力现货市场信息披露办法（暂行）》中依申请披露信息是指仅在履行申请程序后向申请人披露的信息。（ ）

355. 从市场组织来看，交易机构负责信息发布、成员申报、出具结算依据等工作。（ ）

356. 电力差价合同属于一种实物合同，交易双方签订差价合同的目的是对冲市场价格波动引起的财务风险。（ ）

357. 电力交易机构、电力调度机构应当公平对待市场主体，无歧视披露公众信息和公开信息，严禁超职责范围获取或泄露私有信息。（ ）

358. 国家能源局依法组织制定电力市场规划、市场规则、市场监管办法，区域派出机构会同地方政府对区域电力市场和区域电力交易机构实施监管。（ ）

359. 市场成员包括各类发电企业、售电公司、电网企业、电力用户、电力交易机构等。（ ）

360. 信息披露内容包括但不限于市场主体信息、市场运营信息、市场监管信息、市场成员信用信息、电网运行信息等所有可能对市场交易产生较大影响的信息。（ ）

361. 电力交易机构负责通过信息披露平台向所有市场主体披露相关考核和补偿结果，制定信息披露标准格式，开放数据接口。（ ）

362. 按照信息公开范围，电力现货市场信息分为公众信息、公开信息、私有信息和依申请披露信息四类。（ ）

363. 市场竞争所需信息应当充分披露，信息披露主体对其提供信息的真实性、准确性、及时性负责。（ ）

364. 市场信息披露文档形式以可导出的、常规文件格式为主。（ ）

365. 信息披露主体按照标准格式通过信息披露平台向电力交易机构提供信息，由调度机构通过信息披露平台发布信息。（ ）

366.《电力现货市场信息披露办法（暂行）》中发电企业机组的单机最大出力信息属于私有信息。（ ）

367.《电力现货市场信息披露办法（暂行）》中发电企业机组启动费用信息属于公开信息。（ ）

368.《电力现货市场信息披露办法（暂行）》中规定，市场竞争所需信息应当充

分披露，信息披露主体对其提供信息的真实性、准确性、规范性负责。（ ）

369.《电力现货市场信息披露办法（暂行）》中规定，信息披露主体按照标准格式通过信息披露平台向电力交易机构提供信息，由电力交易机构通过信息披露平台发布信息信息披露主体按照标准格式通过信息披露平台向电力交易机构提供信息。（ ）

370. 不断加强对电网企业、电力交易机构在调度运行、交易组织、电费结算、信息披露等各环节的监管力度。（ ）

371. 交易机构应在售电公司结算完成后，将结算结果通过交易平台传递至电网公司财务部。（ ）

372. 数据申报业务主要指各类市场主体通过信息外网申报市场交易相关的各类业务信息的业务活动，也是与内网市场出清、市场结算、现货交易等业务衔接，支撑中长期及现货市场各类交易业务顺畅开展的支撑业务。（ ）

373. 非直购电厂至与地市级电力公司进行交易结算的发电企业。（ ）

374. 直购电厂指直接与省级交易机构进行交易结算的发电企业。（ ）

375. 中长期交易结算曲线、批发用户电力市场申报电能量价曲线属于公开信息。（ ）

376. 电力交易机构应当定期向市场主体出具信息披露报告，内容应当包含但不限于电网概况、电力供需及预测情况、市场准入、市场交易、市场结算、市场建设、违规情况、市场干预情况等方面。（ ）

377. 电网企业负责电网概况、电力供需及预测情况、市场准入、市场交易、市场结算、市场建设、违规情况、市场干预情况等相关信息的披露管理。（ ）

五、简答题

1. 直接参与市场交易，与选择电网企业代理购电，哪个更划算？

2. 用户选择直接参与市场交易购电，或者选择由电网企业代理购电后，后续还能不能更改？

3. 用户选择由电网企业代理购电和直接参与市场交易有什么区别？

4. 用户如何参加绿证交易？

5. 什么是直接参与市场交易？

6. 什么是两部制电价？

7. 请简单描述电力用户与发电企业直接交易的基本概念。

8. 哪些用户可以直接参与市场交易？

9. 哪些用户可以参与绿电交易？

10. 哪些工商业用户需执行两部制电价？

11. 零售用户是否可以同时参加批发交易？

12. 简述工商业电价的构成。

13. 发电企业具备什么条件可以申领绿证，不影响后期用户绿证划转？

14. 电网企业发布的代理购电价格是测算的还是实际的？代理购电价格是如何形成的？

15. 电网企业代理购电工商业用户什么时间可以入市交易？

16. 电力用户与发电企业直接交易中，取得资格并参与直接交易的企业，有哪些行为时可取消其交易资格？

17. 电力市场中有哪些交易类型，如何划分？

18. “基准价 + 上下浮动”的市场价格机制的本质是什么？

19. 电力交易运营市场信息主要内容是什么？

20. 现货市场与辅助服务市场的出清模式有哪些，各自的特点是什么？

21. 请简述集中式模式的优点。

22. 简述在电力市场中采用节点电价有哪些优点。

23. 简述现货交易的主要内容。

24. 简述系统边际电价的定义。

25. 简述电力市场交易的结算价格的两种形成机制。

26. 电力现货市场有哪些出清模式？

27. 在跨省跨区电能交易中，集中撮合方式是指什么？

28. 在《电力中长期交易基本规则》（发改能源规〔2020〕889 号）中，对于风电、光伏发电企业的电费结算原则有哪些？

29. 在《电力中长期交易基本规则》（发改能源规〔2020〕889 号）中，对跨区跨省交易受电地区落地价格的规定有哪些？

30. 如果工商业用户存在居民、农业电价的用电，是否需要纳入每月每千伏安用电量计算中？

31. 请简述偏差结算机制。

32. 请简述跨区跨省交易品种的种类。

33. 请简述跨区跨省交易结算业务主要工作内容。

34. 跨地区电能交易按照交易对象和性质不同，可分为哪几种交易，其定义是什么？

35. 简述跨区跨省交易合同执行与结算由高到低的优先级顺序。

36. 根据《北京电力交易中心跨区跨省电力中长期交易实施细则》（京电交市〔2024〕38 号），月度结算时，若购售双方对合同条款（如电价和电量执行等）存在争议时，应如何进行结算？

37. 根据《北京电力交易中心跨区跨省电力中长期交易实施细则》（京电交市〔2024〕38 号），区域共用电网内的部分交易无法按物理电量准确计量的，应该如何进行结算？

38. 根据《北京电力交易中心跨区跨省电力中长期交易实施细则》（京电交市〔2024〕38 号），跨区跨省通道形成偏差分为责任偏差和波动偏差，其中责任偏差指什么？

39. 根据《北京电力交易中心跨区跨省电力中长期交易实施细则》（京电交市〔2024〕38 号），交易结算采用哪些清算方式？

40. 根据《电力中长期交易基本规则》（发改能源〔2020〕889 号），电力用户拥有储能或者参加特定时段的需求侧响应产生的偏差电量，应该如何结算？

41. 电力交易计划内容包括哪些？

42. 当实际需求与跨省跨区交易合同电量出现偏差时，应怎样处理？

43. 以年度交易和月度交易为主的地区、开展多日交易的地区分别按照什么方式清算、结账？

44. 系统运行费指什么？

45. 简述输配电价的概念。

46. 计量点设置原则是什么？

47.2020 年国家能源局印发的《发电企业与电网企业电费结算办法》（国能发监管〔2020〕79 号），对发电企业上网电费结算做出哪些要求？

48. 根据 2020 年国家能源局印发的《发电企业与电网企业电费结算办法》（国能

发监管〔2020〕79号）规定，应当在购售电合同中予以明确的电费结算有关事项的内容有哪些？

49. 根据2020年国家能源局印发的《发电企业与电网企业电费结算办法》（国能发监管〔2020〕79号）规定，按时出具电费结算单的具体要求是什么？

50. 非市场用户月度实际用电量与电网企业月度购电量（含年分月电量，扣除系统网损电量）存在偏差时，应如何处理？

51. 电力交易机构向各市场成员提供的结算依据包括哪些内容？

52. 电力市场的组成要素有哪些？

53. 简述发电量、上网电量、售电量和用电量的含义。

54. 绿证核发范围包含哪些？

55. 简述绿电交易组织开展周期。

56. 绿电交易和绿证交易有什么区别？

57. 发电企业参与绿电交易的准入要求有哪些？

六、计算题

1. 市场出清结果如下表所示，合约参考点为负荷侧统一结算点，负荷侧现货市场价格通过发电侧加权平均价格获得，请按照“日前基准、合约差价、实时差量”的结算模式，计算机组 A、B，用户 1、2 的市场结算费用（计算结果保留 2 位有效数字）。

用户	中长期双边		日前		实时	
	电力（kWh）	电价（元 / kWh）	电力（kWh）	电价（元 / kWh）	电力（kWh）	电价（元 / kWh）
机组 A	100	470	100	300	160	400
机组 B	200	460	200	350	320	400
用户 1	100	470	130		135	
用户 2	200	460	330		345	

2. 某机组 A 对常规断面 1 的灵敏度为 0.6，对常规断面 2 的灵敏度为 0.1，且仅对常规断面 1、2 有灵敏度。常规断面 1 的断面限值约束影子价格为 100 元 /MWh，常规断面 2 的断面限值约束影子价格为 500 元 /MWh，则机组 A 所在节点的阻塞价格为多少？

3. 某系统在某时刻的系统负荷为 1000MW，根据 SCUC 及 SCED 计算得到最小发电成本为 35 万元，在参考节点处增加负荷至 1001MW，此时根据 SCUC 及 SCED 计算得到最小发电成本为 35.06 万元，那么系统电能价格是多少？

4. 某电力系统概况如图所示，假设节点 C 为参考节点，试完成：

（1）计算节点对支路的灵敏度矩阵；

（2）基于全量集中式、发电侧单边报价的现货市场出清模式，考虑系统功率平衡约束、机组出力上限约束、支路直流潮流上限约束，假设机组 1 待求解出力变量为 p_1，机组 2 待求解出力变量为 p_2，机组 1、2 均为开机状态，列出实时市场出清最优化问题的表达式（包括目标函数和约束）；

（3）计算支路 AC 的阻塞影子价格；

（4）计算系统电能价格。

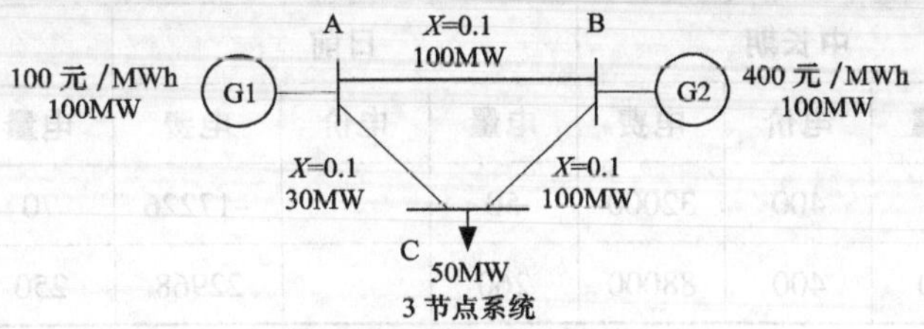

图　系统概况

5. 假设市场化机组 A、B 参与现货市场，T1 时段（包含 4 个点，每 15min 为 1 个点）的日前和实时出清数据如下表（电量单位：MWh，电价单位：元 /MWh）。

机组	T1 日前								T1 实时							
	0:15		0:30		0:45		1:00		0:15		0:30		0:45		1:00	
	电量	电价	电量	电价	电量	电价	电量	电价	电量	电价	电量	电价	电量	电价	电量	电价
市场机组 A	80	500	90	510	85	505	100	520	70	510	100	520	90	515	100	525
市场机组 B	230	550	220	545	190	530	210	530	250	560	200	540	210	550	220	555

试完成：

（1）请计算 T1 时段日前分时均价；

（2）请计算 T1 时段实时分时均价。

6. 假设市场化机组 A、B，市场化用户 X、Y 参与现货市场。发电侧：中长期合同电量合计 300MWh，日前出清电量合计 310MWh，实际上网电量合计 320MWh；用电侧：中长期合同电量合计 300MWh，日前申报电量合计 320MWh，实际用电量合计 320MWh。发、用两侧结算电费见下表（电量单位：MWh，电价单位：元 /MWh）。

机组 / 用户	中长期			日前			实时		
	电量	电价	电费	电量	电价	电费	电量	电价	电费
市场机组 A	100	400	32581	80	500	−10000	70	700	-7000
市场机组 B	200	400	85162	230	600	18000	250	750	15000

续表

机组 / 用户	中长期			日前			实时		
	电量	电价	电费	电量	电价	电费	电量	电价	电费
市场用户 X	80	400	32000	50		−17226	70		14781
市场用户 Y	220	400	88000	260		22968	250		−7391

试完成：

（1）请分别计算日前分时均价和实时分时均价；

（2）请分别计算机组 A、用户 X 的结算电费。

7. 某电网开展电力用户与发电企业直接交易，发电企业 A 与大用户 B 成交，成交电价（与发电企业结算电价）为 420 元 /MWh，网损率折算为电价按 8 元 /MWh，输配电价为 110 元 /MWh，政府性基金及附加等为 40 元 /MWh。请问：

（1）最终大用户 B 的结算电价（含基金附加）为多少？

（2）若发电企业 A 的批复上网电价为 430 元 /MWh，大用户 B 的目录电价（含基金附加）为 600 元 /MWh，则：

1）发电企业让利价格空间为多少？

2）大用户收益价格空间为多少？

8. 某区域组织区内月度跨省集中竞价交易，购电 A 省申报需求电量为 3 亿 kWh，申报购电价 0.45 元 /kWh。经申报情况如下：B 省申报送出 2 亿 kWh，电厂外送报价 0.425 元 /kWh，输电价 0.025 元 /kWh；C 省申报送出 3 亿 kWh，电厂外送报价 0.425 元 /kWh，输电价 0.020 元 /kWh；均为有效申报；区域电网输电价 0.005 元 /kWh。在电网无安全约束情况下，请问中标情况？

9. 某发电企业的上网电价是 0.35 元 /kWh，某电力用户的用电价格是 0.47 元 /kWh，如果两者签订的直接交易电价是 0.32 元 /kWh，那么根据传导法，电网企业收取的直接交易输配电价是多少？

10. 在基于节点边际电价模式的美国式电力市场中，若发电报价上限为 800 元 /MWh，为什么某些节点的出清电价会超过这个限价？

11. 完成以下问题：（1）简述宁夏电力零售市场中固定价格套餐含义；

（2）写出固定价格套餐各时段及全天电费的计算公式；

（3）下表已给出实际用电量、计划电价，试计算零售用户各时段及全天的电费。

时段	实际用电量（MWh）	计划电价（元/MWh）	电费计算过程	电费（元）
0:00 ~ 1:00	200	300		
1:00 ~ 2:00	200	300		
2:00 ~ 3:00	200	300		
3:00 ~ 4:00	200	300		
4:00 ~ 5:00	200	300		
5:00 ~ 6:00	200	300		
6:00 ~ 7:00	200	300		
7:00 ~ 8:00	100	500		
8:00 ~ 9:00	100	500		
9:00 ~ 10:00	400	200		
10:00 ~ 11:00	400	200		
11:00 ~ 12:00	400	200		
12:00 ~ 13:00	400	200		
13:00 ~ 14:00	400	200		
14:00 ~ 15:00	400	200		
15:00 ~ 16:00	400	200		
16:00 ~ 17:00	400	200		
17:00 ~ 18:00	100	500		
18:00 ~ 19:00	100	500		
19:00 ~ 20:00	100	500		
20:00 ~ 21:00	100	500		
21:00 ~ 22:00	100	500		
22:00 ~ 23:00	100	500		
23:00 ~ 24:00	200	300		
合计	—	—		

12. 完成以下问题：

（1）简述约定偏差结算套餐的含义；

（2）写出约定偏差结算套餐各时段及全天电费的计算公式；

（3）下表已给出实际用电量、计划电价，试计算零售用户各时段及全天的电费；

时段	计划电量（MWh）	计划电价（元/MWh）	超用电价（元/MWh）	允许正偏差范围（%）	实际用电量（MWh）	电费计算过程	电费（元）
0:00 ~ 1:00	200	300	310	10	230		
1:00 ~ 2:00	200	300	310	10	230		
2:00 ~ 3:00	200	300	310	10	230		
3:00 ~ 4:00	200	300	310	10	230		
4:00 ~ 5:00	200	300	310	10	230		
5:00 ~ 6:00	200	300	310	10	230		
6:00 ~ 7:00	200	300	310	10	230		
7:00 ~ 8:00	100	500	510	10	120		
8:00 ~ 9:00	100	500	510	10	120		
9:00 ~ 10:00	400	200	210	10	450		
10:00 ~ 11:00	400	200	210	10	450		
11:00 ~ 12:00	400	200	210	10	450		
12:00 ~ 13:00	400	200	210	10	450		
13:00 ~ 14:00	400	200	210	10	450		
14:00 ~ 15:00	400	200	210	10	450		
15:00 ~ 16:00	400	200	210	10	450		
16:00 ~ 17:00	400	200	210	10	450		
17:00 ~ 18:00	100	500	510	10	120		
18:00 ~ 19:00	100	500	510	10	120		
19:00 ~ 20:00	100	500	510	10	120		
20:00 ~ 21:00	100	500	510	10	120		
21:00 ~ 22:00	100	500	510	10	120		
22:00 ~ 23:00	100	500	510	10	120		
23:00 ~ 24:00	200	300	310	10	230		
合计	—	—	—	—	—		

（4）下表已给出实际用电量、计划电价，试计算零售用户各时段及全天的电费。

时段	计划电量（MWh）	计划电价（元/MWh）	少用电价（元/MWh）	允许负偏范围（%）	实际电量（MWh）	电费计算过程	电费（元）
0:00～1:00	200	300	30	10	170		
1:00～2:00	200	300	30	10	170		
2:00～3:00	200	300	30	10	170		
3:00～4:00	200	300	30	10	170		
4:00～5:00	200	300	30	10	170		
5:00～6:00	200	300	30	10	170		
6:00～7:00	200	300	30	10	170		
7:00～8:00	100	500	50	10	80		
8:00～9:00	100	500	50	10	80		
9:00～10:00	400	200	20	10	350		
10:00～11:00	400	200	20	10	350		
11:00～12:00	400	200	20	10	350		
12:00～13:00	400	200	20	10	350		
13:00～14:00	400	200	20	10	350		
14:00～15:00	400	200	20	10	350		
15:00～16:00	400	200	20	10	350		
16:00～17:00	400	200	20	10	350		
17:00～18:00	100	500	50	10	80		
18:00～19:00	100	500	50	10	80		
19:00～20:00	100	500	50	10	80		
20:00～21:00	100	500	50	10	80		
21:00～22:00	100	500	50	10	80		
22:00～23:00	100	500	50	10	80		
23:00～24:00	200	300	30	10	170		
合计	—	—	—	—	—		

13. 完成以下问题：

（1）简述市场联动偏差结算套餐的含义；

（2）写出市场联动偏差结算套餐各时段及全天电费的计算公式；

（3）下表已给出实际用电量、计划电价，试计算零售用户各时段及全天的电费。

时段	计划电量（MWh）	计划电价（元/MWh）	偏差结算价格（元/MWh）	实际电量（MWh）	电费计算过程	电费（元）
0:00～1:00	200	300	310	230		
1:00～2:00	200	300	310	230		
2:00～3:00	200	300	310	230		
3:00～4:00	200	300	310	230		
4:00～5:00	200	300	310	230		
5:00～6:00	200	300	310	230		
6:00～7:00	200	300	310	230		
7:00～8:00	100	500	510	120		
8:00～9:00	100	500	510	120		
9:00～10:00	400	200	210	450		
10:00～11:00	400	200	210	450		
11:00～12:00	400	200	210	450		
12:00～13:00	400	200	210	450		
13:00～14:00	400	200	210	450		
14:00～15:00	400	200	210	450		
15:00～16:00	400	200	210	450		
16:00～17:00	400	200	210	450		
17:00～18:00	100	500	510	120		
18:00～19:00	100	500	510	120		
19:00～20:00	100	500	510	120		
20:00～21:00	100	500	510	120		
21:00～22:00	100	500	510	120		
22:00～23:00	100	500	510	120		
23:00～24:00	200	300	310	230		
合计	—	—	—	—		

14. 完成以下问题：

（1）简述价差分成套餐的含义；

（2）写出价差分成套餐各时段及全天电费的计算公式；

（3）下表已给出实际用电量、计划电价，试计算零售用户各时段及全天的电费。

时段	实际用电量（MWh）	用电电价（元/MWh）	售电公司批发交易基准均价（元/MWh）	分成比例（零售用户：售电公司）	售电公司实际批发交易均价（元/MWh）	电费计算过程	电费（元）
0:00 ~ 1:00	230	300	290	4：6	280		
1:00 ~ 2:00	230	300	290	4：6	280		
2:00 ~ 3:00	230	300	290	4：6	280		
3:00 ~ 4:00	230	300	290	4：6	280		
4:00 ~ 5:00	230	300	290	4：6	280		
5:00 ~ 6:00	230	300	290	4：6	280		
6:00 ~ 7:00	230	300	290	4：6	280		
7:00 ~ 8:00	120	500	490	4：6	500		
8:00 ~ 9:00	120	500	490	4：6	500		
9:00 ~ 10:00	450	200	190	4：6	180		
10:00 ~ 11:00	450	200	190	4：6	180		
11:00 ~ 12:00	450	200	190	4：6	180		
12:00 ~ 13:00	450	200	190	4：6	180		
13:00 ~ 14:00	450	200	190	4：6	180		
14:00 ~ 15:00	450	200	190	4：6	180		
15:00 ~ 16:00	450	200	190	4：6	180		
16:00 ~ 17:00	450	200	190	4：6	180		
17:00 ~ 18:00	120	500	490	4：6	500		
18:00 ~ 19:00	120	500	490	4：6	500		
19:00 ~ 20:00	120	500	490	4：6	500		
20:00 ~ 21:00	120	500	490	4：6	500		
21:00 ~ 22:00	120	500	490	4：6	500		
22:00 ~ 23:00	120	500	490	4：6	500		
23:00 ~ 24:00	230	300	290	4：6	280		
合计	—	—	—	—	—		

15. 某售电公司 A 按照售电公司管理办法要求，应在参与批发和（或）零售市场交易前，向交易中心提交履约保函、履约保证保险等履约保障凭证，已知该售电公司在过去 12 个月批发市场交易总电量为 135692MWh，过去 2 个月内参与批发、零售两个市场交易电量的大值为 26791MWh，则该售电公司按照售电公司管理办法要求应提交的履约保函、履约保证保险额度为多少？

参 考 答 案

一、单选题

1.B	2.D	3.A	4.A	5.C	6.A	7.A	8.B	9.C	10.D
11.D	12.A	13.B	14.B	15.B	16.D	17.A	18.A	19.C	20.A
21.B	22.C	23.D	24.D	25.A	26.B	27.D	28.C	29.A	30.C
31.A	32.A	33.A	34.B	35.C	36.B	37.A	38.D	39.B	40.D
41.B	42.B	43.B	44.B	45.B	46.B	47.D	48.B	49.B	50.A
51.B	52.C	53.C	54.D	55.C	56.B	57.C	58.D	59.C	60.D
61.B	62.D	63.C	64.B	65.C	66.A	67.B	68.B	69.D	70.A
71.B	72.B	73.C	74.A	75.C	76.B	77.A	78.D	79.B	80.A
81.B	82.A	83.C	84.B	85.C	86.C	87.D	88.B	89.D	90.D
91.B	92.B	93.C	94.A	95.A	96.A	97.A	98.A	99.D	100.A
101.C	102.C	103.C	104.A	105.B	106.C	107.D	108.C	109.C	110.D
111.A	112.A	113.D	114.C	115.A	116.D	117.B	118.A	119.A	120.A
121.C	122.A	123.B	124.D	125.C	126.B	127.A	128.D	129.A	130.B
131.C	132.C	133.A	134.B	135.B	136.C	137.B	138.D	139.B	140.C
141.C	142.A	143.A	144.D	145.A	146.A	147.C	148.C	149.C	150.A
151.A	152.A	153.A	154.B	155.C	156.B	157.C	158.A	159.B	160.D
161.A	162.B	163.D	164.C	165.A	166.B	167.B	168.A	169.A	170.D
171.D	172.A	173.C	174.D	175.D	176.B	177.C	178.C	179.A	180.D
181.C	182.C	183.A	184.C	185.A	186.A	187.B	188.D	189.C	190.A
191.D	192.D	193.B	194.D	195.B	196.A	197.B	198.D	199.D	200.B
201.A	202.A	203.D	204.C	205.B	206.B	207.A	208.A	209.A	210.C
211.B	212.C	213.B	214.B	215.D	216.D	217.A	218.A	219.A	220.A
221.B	222.A	223.A	224.A	225.D	226.A	227.B	228.C	229.A	230.D
231.A	232.A	233.D	234.B	235.D	236.A	237.C	238.C	239.A	240.A
241.B	242.A	243.B	244.A	245.A	246.B	247.A	248.A	249.D	250.B
251.D	252.C	253.D	254.D	255.A	256.B	257.B	258.B	259.B	260.C
261.D	262.C	263.B	264.C	265.B	266.A	267.B	268.A	269.D	270.A
271.B	272.C	273.B	274.A	275.B	276.A	277.A	278.B	279.B	280.B
281.B	282.C	283.A	284.B	285.C	286.C	287.A	288.B	289.A	290.C

291.C	292.C	293.A	294.C	295.C	296.D	297.B	298.A	299.B	300.A
301.C	302.C	303.D	304.A	305.C	306.C	307.A	308.A	309.B	310.A
311.D	312.B	313.B	314.D	315.C	316.B	317.D	318.C	319.A	320.D
321.C	322.A	323.C	324.D	325.B	326.D	327.A	328.C	329.B	330.B
331.D	332.D	333.A	334.B	335.A	336.C	337.C	338.B	339.C	340.D
341.A	342.B	343.A	344.C	345.B	346.C	347.A	348.A	349.B	350.C
351.A	352.B	353.C	354.D	355.A	356.A	357.A	358.A	359.A	360.C
361.D	362.B	363.A	364.C	365.C	366.D	367.B	368.B	369.D	370.D
371.D	372.B	373.A	374.B	375.D	376.D	377.A	378.D	379.C	380.B
381.B	382.C	383.A	384.A	385.B	386.C	387.A	388.A	389.C	390.B
391.D	392.D	393.B	394.A	395.D	396.C	397.A	398.A	399.C	400.D
401.D	402.A	403.C	404.D	405.B	406.C	407.C	408.B	409.A	410.D
411.B	412.B	413.D	414.A	415.D	416.B	417.B	418.A	419.D	420.C
421.C	422.A	423.C	424.C	425.C	426.C	427.A	428.D	429.A	430.C
431.C	432.C	433.B	434.D	435.B	436.B	437.D	438.A	439.A	440.A
441.A	442.B	443.B	444.B	445.D	446.C	447.C	448.A	449.D	450.B
451.B	452.A	453.C	454.C	455.A	456.A	457.A	458.D	459.D	460.C
461.A	462.B	463.B	464.C	465.B	466.B	467.B	468.C	469.C	470.D
471.C	472.B	473.A	474.A	475.B	476.D	477.B	478.B	479.C	480.B
481.B	482.D	483.A	484.B	485.A	486.C	487.D	488.B	489.C	490.B
491.C	492.B	493.B	494.A	495.C	496.D	497.D	498.A	499.C	500.B

二、多选题

1.CD	2.BCD	3.CD	4.AD	5.ABCD	6.AB
7.ABC	8.ABCD	9.AB	10.ABCD	11.ABCD	12.AD
13.ACD	14.AC	15.ABCD	16.ABCD	17.ABC	18.ABCD
19.ABD	20.ABCD	21.ABCD	22.ABC	23.ABC	24.ABC
25.ACD	26.BCD	27.BCD	28.ACD	29.ABD	30.ABC
31.ABC	32.AB	33.ABCD	34.ABCD	35.ABCD	36.ABC
37.ABCD	38.BC	39.ACD	40.ABD	41.ABCD	42.ABD
43.ABC	44.ABCD	45.AD	46.ABC	47.ABC	48.ABCD
49.BCD	50.ABCD	51.ABC	52.ABC	53.ACD	54.ABCD
55.ABCD	56.ABCD	57.BCD	58.ABCD	59.ABC	60.ABCD
61.ABC	62.ABC	63.AD	64.AB	65.AC	66.ABCD
67.ABCD	68.BC	69.ABCD	70.AB	71.ABCD	72.ABCD

73.AC	74.ABCD	75.AB	76.AD	77.BD	78.ABCD
79.ABCD	80.ABCD	81.AB	82.AB	83.AD	84.ABCD
85.ABCD	86.ABCD	87.ABC	88.ABC	89.BCD	90.AC
91.ABCD	92.ABD	93.ACD	94.AB	95.ACD	96.ABC
97.ABD	98.BD	99.ACD	100.AD	101.ABC	102.ACD
103.ACD	104.AC	105.BCD	106.ABC	107.ACD	108.AB
109.AB	110.BD	111.ABCD	112.BCD	113.ABD	114.AC
115.CD	116.ABCD	117.ABC	118.ABC	119.ABC	120.ABC
121.BCD	122.ABCD	123.ABC	124.ABD	125.ABCD	126.ABCD
127.BC	128.ABC	129.ABC	130.ABCD	131.ABCD	132.ABC
133.BCD	134.ABD	135.ABC	136.ABCD	137.CD	138.ABC
139.ABCD	140.AB	141.ABD	142.ABCD	143.B	144.AB
145.ABCD	146.ABCD	147.BD	148.AC	149.ABC	150.ABD
151.AD	152.ABCD	153.ACD	154.BD	155.ABC	156.ABC
157.ABC	158.ABC	159.ABCD	160.ABC	161.AB	162.ABC
163.ABD	164.AB	165.ABCD	166.ABCD	167.ABCD	168.AB
169.AB	170.BCD	171.CD	172.BCD	173.ABCD	174.ABCD
175.ABCD	176.ABCD	177.ABCD	178.ABCD	179.ABCD	180.AB
181.ABC	182.BC	183.ABCD	184.BCD	185.ABCD	186.AD
187.BC	188.AB	189.ABC	190.ACD	191.AB	192.ABCD
193.ABC	194.ABC	195.ABCD	196.ABC	197.ABCD	198.BCD
199.AD	200.BCD	201.ABCD	202.AB	203.ABC	204.ABCD
205.BCD	206.ACD	207.AB	208.AB	209.AB	210.BD
211.ABC	212.ABC	213.CD	214.ABC	215.ABC	216.AB
217.ABCD	218.ABCD	219.ABC	220.ABC	221.ABD	222.AB
223.AC	224.ABC	225.CD	226.ABCD	227.ABCD	228.AC
229.CD	230.ABCD	231.ACD	232.ABCD	233.ABCD	234.ABCD
235.ACD	236.ABCD	237.AB	238.ABCD	239.AB	240.ABD
241.ABD	242.AC	243.ABD	244.AB	245.ABCD	246.ABC
247.ABC	248.AB	249.AB	250.BC	251.ABCD	252.ABCD
253.AC	254.AB	255.BD	256.BC	257.AB	258.ACD
259.ABCD	260.ABC	261.ABCD	262.ABD	263.ABC	264.BC
265.AC	266.AB	267.BCD	268.ABCDE	269.AC	270.BCD
271.ABCD	272.AB	273.ABCD	274.BCD	275.BC	276.ABC
277.BD	278.ABC	279.ABCD	280.ABCD	281.ABCD	282.ACD

283.ABD	284.CD	285.ABC	286.AB	287.AB	288.ACD
289.AD	290.BCD	291.BCD	292.AB	293.ABD	294.ABC
295.ABCD	296.BCD	297.ABCD	298.BCD	299.AC	300.ABC
301.ABC	302.ABC	303.ABD	304.ABC	305.BCD	306.ABCD
307.ABC	308.ABC	309.BC	310.ABCD	311.AB	312.AC
313.AB	314.BCD	315.BD	316.ABC	317.AB	318.ABC
319.ABC	320.BCD	321.AC	322.CD	323.AB	324.ABCD
325.ABCD	326.BCD	327.ABCD	328.ABCD	329.BD	330.ABD
331.ABC	332.AB	333.ABC	334.AB	335.AB	336.BCD
337.AC	338.AB	339.ABC	340.ABCD	341.ABCD	342.BD
343.AB	344.ACD	345.BCD	346.ABCD	347.AC	348.AB
349.ABC	350.BCD	351.ACD	352.BD	353.BC	354.ABCD
355.AB	356.BCD	357.ABC	358.AC	359.ABC	360.ABCD
361.BCD	362.ABCD	363.ABCD	364.ABCD	365.ACD	366.ABCD
367.ABCD	368.BCD	369.ABCD	370.ABC	371.ABCD	372.CD
373.ACD	374.BC	375.ABCD	376.BCD	377.BC	378.ABCD
379.CD					

三、填空题

1.HHI指数　2.机会成本　3.公开　4.容量电价　5.政府　6.中长期交易、现货交易　7.三级　8.虚拟电厂　9.目录电价　10.报量不报价　11.售电公司　12.等比例　13.用户侧　14.燃煤　15.在合同期满的下一个年度　16.上浮　17.场内集中竞价　18.低价电源　19.用户准入条件　20.基准价+上下浮动　21.集中交易　22.报量不报价　23.场内集中竞价出清　24.上下调　25.10千伏及以上的用户　26.电力交易机构　27.售电公司　28.交叉补贴、线损　29.上下调电量　30.电力交易机构　31.3　32.少用电量　33.调度机构　34.集中竞价　35.滚动撮合　36.挂牌交易　37.电力交易中心　38.电力电量需求、典型负荷曲线　39.调度机构　40.交点　41.交易空间　42.可再生能源　43.5　44.输电容量　45.电量、电力曲线　46.发电权交易、合同转让交易　47.集中交易、双边协商交易　48.报价撮合法　49.交易价格、交易期限　50.价格优先　51.供需　52.挂牌交易　53.发用两侧　54.中长期　55.同时　56.15　57.价格—时间　58.剩余通道　59.保量保价　60.电力曲线合同　61.通道传输能力　62.11　63.市场化交易　64.交易公告　65.合同　66.12　67.交易周期、交易频次　68.3　69.单向报价匹配出清交易　70.电力调度

71. 发电侧合同电量转让、购电侧合同电量转让 72. 购电、售电 73. 统一边际出清 74. 价格、数量 75. 报价撮合法 76. 集中竞价、挂牌交易 77.0.1 78. 政府间协议 79.15 80. 双边协商、滚动撮合 81. 曲线 82. 剩余通道 83. 三段 84.2 85. 集中 86. 时间优先 87. 省 88. 统一边际出清、撮合出清 89. 时间优先 90. 中昂长期交易、现货交易 91. 跨区跨省交易 92. 跨区跨省 93.10% 94. 节点边际电价 95.0.2 96. 节点边际电价 97. 分区边际电价 98. 电能量市场 99. 实时市场 100. 联合出清模式 101. 市场力 102. 分区边际电价 103. 长协定量、现货定价 104. 最后一台 105. 规避风险、发现价格 106. 安全优先 107. 边际成本 108. 日前 109. 中长期差价合同、全电量集中竞价 110. 边际成本 111. 前一日 112.2h、8 113.15min、96 114. 边际电价 115. 卖方节点最后一笔 116.1h 117. 集中竞价 118. 日前、实时 119. 发现价格、调节供给 120. 节点边际电价 121. 事前、事中、事后 122. 调峰市场 123. 差异 124.10% 125. 电网企业 126. 上网 127. 产权分界点 128. 电网企业 129. 上网电价 130. 上网电价 131. 电网企业 132. 上网电价 133. 供电企业 134. 公开信息 135. 电力交易机构 136. 公开 137. 月、季、年 138.5 139. 私有信息 140. 信息披露主体 141. 两 142. 交易机构 143. 真实性 144. 电力交易机构 145. 使用 146. 真实性、准确性、完整性 147. 电力交易平台

四、判断题

1. √	2. √	3. √	4. √	5. √	6. √	7. √	8. ×	9. √	10. √
11. ×	12. √	13. √	14. ×	15. √	16. √	17. √	18. ×	19. √	20. √
21. √	22. ×	23. √	24. √	25. √	26. ×	27. √	28. √	29. √	30. √
31. √	32. √	33. √	34. ×	35. ×	36. ×	37. ×	38. ×	39. √	40. √
41. ×	42. √	43. √	44. √	45. √	46. ×	47. √	48. ×	49. √	50. √
51. √	52. ×	53. √	54. ×	55. √	56. √	57. √	58. √	59. ×	60. √
61. √	62. √	63. ×	64. √	65. √	66. √	67. ×	68. √	69. ×	70. ×
71. ×	72. √	73. √	74. √	75. ×	76. √	77. √	78. ×	79. √	80. √
81. √	82. √	83. ×	84. √	85. √	86. ×	87. √	88. √	89. √	90. √
91. √	92. √	93. ×	94. ×	95. ×	96. ×	97. √	98. ×	99. √	100. √
101. √	102. ×	103. √	104. √	105. √	106. ×	107. √	108. √	109. ×	110. √
111. √	112. √	113. √	114. √	115. ×	116. ×	117. √	118. ×	119. √	120. √
121. √	122. ×	123. ×	124. √	125. ×	126. ×	127. ×	128. ×	129. ×	130. ×
131. ×	132. √	133. ×	134. ×	135. ×	136. ×	137. ×	138. √	139. √	140. ×

141. √ 142. × 143. √ 144. √ 145. √ 146. × 147. × 148. × 149. √ 150. √
151. √ 152. √ 153. √ 154. √ 155. √ 156. × 157. × 158. × 159. × 160. ×
161. × 162. × 163. √ 164. √ 165. × 166. × 167. √ 168. × 169. √ 170. ×
171. √ 172. √ 173. × 174. √ 175. × 176. √ 177. √ 178. √ 179. √ 180. √
181. √ 182. √ 183. × 184. × 185. √ 186. √ 187. × 188. × 189. √ 190. ×
191. √ 192. √ 193. √ 194. × 195. √ 196. × 197. × 198. √ 199. √ 200. √
201. √ 202. √ 203. × 204. √ 205. × 206. √ 207. √ 208. √ 209. × 210. √
211. √ 212. × 213. × 214. √ 215. √ 216. × 217. √ 218. × 219. × 220. ×
221. × 222. √ 223. √ 224. × 225. × 226. × 227. × 228. × 229. √ 230. ×
231. √ 232. × 233. × 234. × 235. × 236. × 237. × 238. √ 239. × 240. √
241. √ 242. √ 243. × 244. × 245. × 246. √ 247. √ 248. × 249. × 250. √
251. × 252. √ 253. √ 254. √ 255. √ 256. √ 257. √ 258. × 259. × 260. √
261. √ 262. √ 263. √ 264. × 265. × 266. √ 267. × 268. × 269. √ 270. √
271. √ 272. √ 273. × 274. √ 275. √ 276. × 277. √ 278. √ 279. × 280. √
281. √ 282. √ 283. √ 284. √ 285. √ 286. × 287. × 288. √ 289. × 290. ×
291. √ 292. √ 293. √ 294. √ 295. × 296. × 297. √ 298. √ 299. √ 300. ×
301. √ 302. × 303. √ 304. √ 305. × 306. √ 307. × 308. √ 309. √ 310. √
311. √ 312. √ 313. × 314. √ 315. √ 316. √ 317. × 318. × 319. × 320. ×
321. √ 322. × 323. × 324. √ 325. √ 326. √ 327. √ 328. √ 329. √ 330. ×
331. × 332. √ 333. × 334. × 335. √ 336. × 337. × 338. √ 339. × 340. √
341. √ 342. × 343. × 344. × 345. × 346. × 347. × 348. × 349. × 350. √
351. √ 352. √ 353. × 354. √ 355. × 356. × 357. × 358. √ 359. × 360. √
361. √ 362. √ 363. √ 364. √ 365. √ 366. × 367. √ 368. × 369. × 370. ×
371. × 372. √ 373. × 374. √ 375. √ 376. √ 377. √

五、简答题

1. 直接参与市场用户的价格受电力供需、交易策略、交易能力、零售套餐签订（零售用户）等因素决定，电网企业代理购电用户价格受省内优发电量政策、市场化交易均价等因素影响，不一定哪个方式更划算。对于交易能力强的用户能够在市场中签订低价电源合同，其电价会低于代理购电价格。

2. 可以。电网企业代理购电的工商业用户，可在每季度最后 15 日前选择下一季度起直接参与市场交易，电网企业代理购电相应终止。直接参与市场交易的工商业用户退市后，由电网企业代理购电，电价由电网企业代理购电价格的 1.5 倍、上网环节线损费用、输配电价、系统运行费用、政府性基金及附加等组成。

3. 直接参与市场交易由用户自己或者由售电公司代理参与市场交易，电能价格由用户自行参与市场交易形成或根据与售电公司签约的价格执行，用户具有一定的自主选择权；代理购电由电网企业代理参与市场交易，价格按照市场中直接交易用户均价进行测算，代理购电用户接受价格，没有自主选择权。

4. 绿证交易前，用户应先完成市场注册，已在电力交易平台注册的可再生能源发电企业、电力用户、售电公司无须重复注册，只需在北京电力交易平台申请绿证交易业务，并补充完善银行开户信息等材料。

未在电力交易平台注册的用户，也可通过绿证交易平台完成注册。

5. 直接参与市场交易是指用户直接向发电企业或售电公司购电。其中，选择与发电企业直接交易的用户为批发用户，选择由售电公司代理交易的用户为零售用户。

6. 两部制电价，是将电价分成两部分。一部分称为基本电价，它反映企业用电成本中的容量成本，计算基本电费时，以用户设备容量（kVA）或用户最大需量（kW）为计费依据。另一部分称为电度电价，它反映企业用电成本中的电能成本，在计算电度电费时，以用户实际用电量为计费依据。

7. 电力用户与发电企业直接交易是指符合准入条件的电力用户和发电企业按照自愿参与、自主协商的原则直接进行的购售电交易，电网企业按规定提供输电服务。

8. 工商业用户都可以直接参与市场交易，其中国家鼓励 10kV 及以上工商业用户直接参与市场交易，未参与市场交易的工商业用户暂由电网企业代理购电。

9. 目前主要包括直接参与或由售电公司代理参与交易的用户。

10. 自 2023 年 6 月 1 日起，用电容量在 315kVA 及以上的工商业用户（含大工业、一般工商业用电，现执行单一制电价的除外），执行两部制电价；用电容量在 100kVA（不含）~315kVA（不含）之间的工商业用户，以及用电容量在 315kVA 及以上的现执行单一制电价的工商业用户，可选择执行两部制电价。用电容量在 100kVA/kW 及以上的低压工商业用户，根据各省是否核定低压两部制输配电价来确定是否可选择执行两部制电价。

11. 不可以。零售用户只能通过零售市场购入电量，不得同时参加批发交易。同时，批发用户也只能通过批发市场购入电量，不得同时参加零售交易。

12. 自 2023 年 6 月 1 日起，工商业用户用电价格由上网电价、上网环节线损费用、输配电价、系统运行费用、政府性基金及附加等组成。

13. 目前，新能源发电项目申领绿证需满足国家可再生能源信息管理中心的绿证核发审核要求，具体指纳入国家可再生能源信息管理中心“白名单”的陆上风电和集中式光伏发电项目。发电企业可通过国家可再生能源发电项目信息管理平台查询。

14. 电网企业发布的代理购电价格是测算值。按照政府文件要求和电力市场规则，电网企业代理用户参与电力市场交易，形成代理购电价格。相关数据每月公布，可登录网上国网 App 或到当地供电营业厅，在代理购电信息公开内容中查询。

15. 由电网企业代理购电的工商业用户可在每季度最后 15 日前选择下一季度起直

接参与市场交易，代理购电相应终止。若在每季度最后15日内选择参与市场交易，则在下下个季度生效。新装及过户新户按各网省实际规定执行。

16.（1）违反国家电力或环保政策并受处罚的；

（2）私自将所购电量转售给其他电力用户的；

（3）拖欠直接交易及其他电费一个月以上的；

（4）不服从电网调度命令的。

17. 电力市场中的交易类型有多种不同划分：

（1）按交易周期不同可划分为现货交易和合同交易两种类型；

（2）按交易目的和标的不同可划分为电能交易、发电权转让交易、跨省区电能交易、抽水电能招标交易等；

（3）按交易标的的性质不同可分为电力实物交易和电力金融交易。

18.“基准价＋上下浮动”的市场化价格机制的本质在于：上下浮动的幅度是由市场化价格机制形成的，而不是政府调价行为，是市场主体自愿交易的结果。这不仅能有效反映电力生产成本，还能有效反映电力需求弹性，且时效性强，有助于促进电力上下游全产业链的市场化价格机制的协同和完善。

19. 电力交易运营市场信息主要内容包括电力电量平衡预测、交易合同、交易计划、电力市场交易情况、电力市场交易基础信息等。

20. 现货市场与辅助服务市场的出清模式可以分为独立出清模式和联合出清模式。独立出清模式要考虑电能量和各类辅助服务的出清次序，联合出清模式将电能量与调频、备用等同时段交易获取的辅助服务放在统一的数学模型中集中优化。联合出清可以实现最经济的电能量与辅助服务安排，但其算法复杂，理解难度大；独立出清只能实现单个市场出清结果的成本最优，无法实现电能量与辅助服务总成本最优，但其算法较为简单，易于理解。在电力现货市场初期，一般采用电能量与辅助服务市场独立出清模式，在市场成熟期，再采用电能量与辅助服务联合出清模式。

21.（1）针对全电量进行集中竞争与优化安排，市场效益和资源配置效率较好；

（2）市场原理引导市场主体按照成本报价，对于市场主体自平衡能力要求较低，易于操作；

（3）不同时间尺度的现货市场全量优化，统一的价格信号较明确；

（4）市场操纵行为容易事先发现和追责。

22. 在电力市场中采用节点电价，能够反映电能在系统中不同地点的价值，反映电力资源的稀缺程度，为电力的生产者、消费者、投资者和管理者提供合理的电价信号。

23. 现货交易是指买卖双方出自对实物商品的需求与销售实物商品的目的，根据商定的支付方式与交货方式，采取即时或在较短时间内进行实物商品交付的一种交易方式。

24. 系统边际电价是指在现货电能交易中，按照报价从低到高的顺序逐一成交电力，使成交的电力满足用电负荷需求的最后一个电能供应者（边际机组）的报价，也就是统一市场出清价格。需要注意的是，系统边际电价计算中一般不考虑输电阻塞，但要包括系统中所有可能成为边际机组的发电厂商报价。

25. 电力市场交易的结算价格主要有两种形成机制，即按报价结算和以出清价结算。

（1）按报价结算是指在满足一定的约束（如系统约束、机组约束、交易约束等）条件下，按发电商（或机组）报价由低到高的顺序分配发电负荷，并按实际报价进行交易结算，直至满足系统负荷平衡的结算机制。

（2）按出清价结算是在满足一定的约束条件下，按发电商（或机组）报价由低到高的顺序分配发电负荷，最后一台满足系统负荷平衡的发电商（或机组）的报价即为系统边际价格。在系统边际价格结算机制下，所有成交交易统一按系统边际价格结算。

26. 电力现货市场的出清模式：

（1）集中出清模式。电力现货市场一般均采用统一出清、集中竞价的方式，由市场成员自愿参与申报，市场组织者对全网发电资源与用电需求进行统一的优化匹配，并对所形成的交易计划进行实物交割和结算。

（2）分散出清模式。在该模式下，电力现货出清为分散的部分电量竞争，如英国的日前市场，由于拥有两个平行的电力交易所，且独立于调度机构，日前市场出清只对申报到交易所的电量进行增量出清计算。

27. 集中撮合方式是指购、售电主体通过跨省跨区交易平台直接进行购售需求申报，由交易系统按照规定的排序原则进行交易匹配，形成无约束交易意向，经电力调度机构安全校核后，形成有约束交易结果。

28.（1）未核定最低保障收购年利用小时数的地区，按照当月实际上网电量以及政府批复的价格水平或者价格机制进行结算；

（2）核定最低保障收购年利用小时数的地区，最低保障收购年利用小时数内的电量按照政府批复的价格水平或者价格机制进行结算。超出最低保障收购年利用小时数的部分应当通过市场交易方式消纳和结算。

29. 跨区跨省交易受电地区落地价格由电能量交易价格（送电侧）、输电价格、辅助服务费用、输电损耗构成。输电损耗在输电价格中已明确包含的，不再单独收取；未明确的，暂按该输电通道前三年输电损耗的平均值计算，报国家能源局备案后执行。

30. 月每千伏安用电量 =（用户总电量 – 执行居民、农业电价以及不执行需量电价的独立受电点电量）/（用户合同容量 – 执行居民、农业电价以及不执行需量电价的独立受电点“受电点容量”）。即：若存在执行居民、农业电价的独立受电点，则相应扣除该受电点的电量和容量；若为居民、农业电价分表或定比定量，则不扣除。

31.（1）日前偏差：与中长期交易结算曲线之间的偏差，按照日前市场边际电价结算。

（2）实时偏差：对实际出力曲线与日前终计划曲线偏差部分按照实时市场边际电价结算。

如果没有偏差，就按照中长期结算

32. 跨区跨省交易品种可按照交易期限、组织方式、交易对象性质进行分类。

（1）按照交易期限分为三年及以上、年度、季度、月度、月内、日内交易；其中年度、三年及以上为中长期交易；季度、月度、月内为短期交易。

（2）按照交易组织方式分为多边 / 双边协商交易、撮合交易、挂牌交易；其中挂牌、撮合交易为集中交易。

（3）按照交易对象和性质分为电量交易、短时电力支援交易、清洁能源认购交易。

33. 以跨区跨省合同、交易、计划数据为依据，考虑网损分担方案、电量统分方案等因素，对联络线关口电量进行采集及分解，形成联络线关口及成份电量数据，并考虑电价、辅助服务与考核等数据后，形成电量（电费）结算单。

34. 可分为电量交易、容量交易和紧急情况及事故支援交易。电量交易是指交易双方以电量为对象的交易。容量交易是指交易双方以发电设备可用容量为对象的交易。紧急情况及事故支援交易是指出现可能导致事故的明显征兆和已发生事故时，以电能为对象的交易。

35.（1）跨省跨区事故应急支援交易；

（2）年度跨省跨区电能交易；

（3）月度跨省跨区电能交易；

（4）月内短期或临时跨省跨区电能交易。

36. 北京电力交易中心可暂不结算或以临时价格进行结算，待购售双方达成一致意见或申请国家能源主管部门协调一致后进行清算。

37. 区域共用电网内的部分交易无法按物理电量准确计量的，可按实际交易电量收取输配电费，输配电价执行国家相关政策，并向国家发展改革委、国家能源局报备。

38. 责任偏差是指调度执行曲线和经安全校核确定的交易合同曲线之间的偏差，按照责任方偏差结算方式处理或由交易双方在合同中自行约定。

39. 交易结算采用按日清分、月结算、按合同周期清算方式，必要时（如国家核价文件调整、市场主体达成一致意见等）可进行再次清算。

40. 电力用户拥有储能或者参加特定时段的需求侧响应产生的偏差电量，由电力用户自行承担。

41. 电力交易计划内容包括交易曲线（电力及电量）、交易类型、交易时间（合同覆盖时间）、交易通道、计量关口等。

42. 当实际需求与合同电量出现偏差时，经交易相关主体协商一致，可自愿选择合同转让或合同回购等方式进行调整；协商不一致时，按照合同中约定的违约条款执行。

43. 以年度交易和月度交易为主的地区，按月清算、结账；开展多日交易的地区，按照多日交易规则清算，按月结账。

44. 系统运行费包含辅助服务费用、抽水蓄能容量电费等，这些费用是根据国家或地方政策及市场规则确定的，由全体工商业用户分摊或分享。

45. 输配电价是指电网经营企业提供接入系统、联网、电能输送和销售服务价格的总称，它是电力价格链的中间环节，简言之即为电网企业收取的“过网费”。输配电价按输送电量进行收费，单价由各省核定，一般分为工商业及其他用电、大工业用电两种。不同电压等级下的定价会有所区别，一般来说，电压等级越高，电价越低。

46. 计量点原则上应安装在供电设施的产权分界处。如产权分界处不适宜装表的，对专线供电的高压用户，可在供电变压器出口装表计量；对公用线路供电的高压用户，可在用户受电装置的低压侧计量。当计量装置不安装在产权分界处时，线路与变压器损耗的有功与无功电量均须由产权所有者负担。

47. 发电企业上网电费应当严格按照购售电合同的约定进行计算，按规定进行核对、修正和确认，原则上应当在上网电量确认日后五个工作日内完成。

48. 计量装置及其设置，上网电量的抄录、计算、核对和确认，上网电费的计算、核对、修正和确认，基准电价、市场交易电价、超低排放电价、环保电价等各类价格水平，可再生能源补贴结算，上网电费发票开具，上网电费支付方式，发电企业收款账号，以及违约处理等。

49. 发电企业与电网企业原则上每月前十个工作日内完成电费确认和电费结算单（结算依据）出具要求。

50. 由为非市场用户供电的电网企业代为结算偏差电量费用，由此造成的电网企业购电成本损益单独记账，按照当月上网电量占比分摊或者返还给所有机组，月结月清。

51. ①实际结算电量；②各类交易合同（含优先发电合同、基数电量合同、市场交易合同）电量、电价和电费；③上下调电量、电价和电费，偏差电量、电价和电费，分摊的结算资金差额或者盈余等信息（采用发电侧预挂牌上下调偏差处理机制的地区）；④新机组调试电量、电价、电费；⑤接受售电公司委托出具的零售交易结算依据。

52. ①市场主体；②市场客体；③市场价格；④市场载体；⑤市场监管和运营规

则；⑥市场运营机构；⑦电力系统运行机构。

53. 发电量指发电机发出的机端电量。上网电量是指发电机组在上网电量计量点向系统（电网）输入的电量。售电量是供电企业销售给用户用于直接消费的电量。用电量是指国民经济各行业及城乡居民消费的电量。

54. 绿证核发范围主要包含风电（含陆上）、光伏发电（含集中式）等可再生能源发电项目。

55. 各级电力交易中心根据市场主体提交的交易需求申请，以年（多年）、月（多月）等为周期组织开展省内绿电交易。现货试点地区可结合电力市场运营实际，组织更短周期的绿电交易。

56. 绿电交易特指以绿色电力产品为标的物的电力中长期交易，用以满足电力用户购买、消费绿色电力需求，并提供相应的绿色电力消纳认证。参与绿电交易的用户可以获得两个证：一是绿色电力消费证明，由电力交易中心核发，为用户提供绿色电力消纳认证；二是绿色电力证书由国家可再生能源信息管理中心核发，是国家对发电企业每兆瓦时非水可再生能源上网电量颁发的具有独特标识代码的电子证书。

绿证交易是指市场主体通过绿证交易平台，以绿证为标的物开展的市场交易。绿证自核发之日起，有效期 2 年，有效期结束后不再进行交易。

57. 新能源发电企业（当前主要为纳入国家可再生能源信息管理中心“白名单”的集中式上网的风电、光伏发电企业）应在各省电力交易平台完成注册，且需取得发电业务许可证并正常运行。

符合上述条件的新能源发电企业需通过各省电力交易平台提交相关申请，经交易中心审核通过后方具备交易资格。

六、计算题

1. 发电侧日前加权平均价 $=\dfrac{100\times300+200\times350}{100+200}=333.33$（元 /MWh）

机组 A 市场结算费用 $=100\times(470+300-333.33)+(100-100)\times300+(160-100)\times400=43667+0+24000=67667$（元）

机组 B 市场结算费用 $=200\times(460+350-333.33)+(200-200)\times350+(320-200)\times400=59334+0+48000=143334$（元）

用户 1 市场结算费用 $=100\times470+(130-100)\times300+(135-130)\times400=58000$（元）

用户 2 市场结算费用 $=200\times460+(330-200)\times350+(345-330)\times400=143500$（元）

2. 机组 A 所在节点的阻塞价格 $=0.6\times100+0.1\times500=110$（元 /MWh）

3. 系统电能价格 = $\frac{35.06-35}{1001-1000}$ =0.06（万元 /MW）

4.（1）假设节点 C 为参考节点，节点对支路的灵敏度矩阵见下表。

节点对支路的灵敏度矩阵

节点	支路 AB	支路 AC	支路 BC
节点 A	1/3	2/3	1/3
节点 B	−1/3	1/3	2/3
节点 C	0	0	0

（2）min 100p1+400p2

$$\text{s.t.}\begin{cases} p_1+p_2=50 \\ p_1\times\frac{2}{3}+p_2\times\frac{1}{3}+(-50)\times 0\leqslant 30 \\ p_1\times\frac{1}{3}+p_2\times(-\frac{1}{3})+(-50)\times 0\leqslant 100 \\ p_1\times\frac{1}{3}+p_2\times(\frac{2}{3})+(-50)\times 0\leqslant 100 \\ 0\leqslant p_1\leqslant 100 \\ 0\leqslant p_2\leqslant 100 \end{cases}$$

（3）假设支路 AC 的断面限值放松至 31MW，求这种情况下最低发电成本相较于之前的变化量，该最低成本变化量即为支路 AC 的阻塞影子价格。

假设 dp_1，dp_2 为机组 1、2 的出力变化量，则：

$$\min 100\times dp_1+400\times dp_2$$

$$\text{s.t}\begin{cases} dp_1+dp_2=0 \\ dp_1\times\frac{2}{3}+dp_2\times\frac{1}{3}\leqslant 1 \end{cases}$$

这种情况下，求得最优解 $p_1=3$，$p_2=-3$。

考虑到 G1 的报价为 100 元 /MWh，G2 的报价为 400 元 /MWh，整个系统的发电成本变化为 3×100+（−3）×400=−900 元，即支路 AC 的影子价格为 −900 元 /MWh。

（4）系统电能价格为参考节点增加 1MW 负荷导致的最低系统发电成本的变化量。

假设 dp_1，dp_2 为机组 1、2 的出力变化量，参考节点 C 增加 1MW 负荷，为了保证发用平衡、支路潮流不越限，有以下方程

$$\begin{cases} dp_1+dp_2=1 \\ dp_1\times\frac{2}{3}+dp_2\times\frac{1}{3}+(-1)\times 0=0 \end{cases}$$

由此得到 $dp_1=-1$，$dp_2=2$。

考虑到 G1 的报价为 100 元 /MWh，G2 的报价为 400 元 /MWh，整个系统的发电成本变化为 $-1\times100+2\times400=700$ 元，即系统电能价格为 700 元 /MWh。

5.（1）

$$\text{T1 时段日前分时现货均价}=\frac{\text{A 的 T1 日前电量}\times\text{日前电价}+\text{B 的 T1 日前电量}\times\text{日前电价}}{\text{A 的 T1 日前电量}+\text{B 的 T1 日前电量}}$$

$$=\frac{(80\times500+90\times510+85\times505+100\times520)+(230\times550+220\times545+190\times530+210\times530)}{80+90+85+100+230+220+190+210}$$

$$=530.48\text{（元 /MWh）}$$

（2）

$$\text{T1 时段实时分时现货均价}=\frac{\text{A 的 T1 实际电量}\times\text{实时电价}+\text{B 的 T1 实际电量}\times\text{实时电价}}{\text{A 的 T1 实际电量}+\text{B 的 T1 实际电量}}$$

$$=\frac{(70\times510+100\times520+90\times515+100\times525)+(250\times560+200\times540+210\times550+220\times555)}{70+100+90+100+250+200+210+220}$$

$$=542.06\text{（元 /MWh）}$$

6.（1）

$$\text{日前分时均价}=\frac{\text{机组 A 日前电量}\times\text{日前电价}+\text{机组 B 日前电量}\times\text{日清电价}}{\text{机组 A 日前电量}+\text{机组 B 日前电量}}$$

$$=\frac{80\times500+230\times600}{80+230}$$

$$=574.19\text{（元 /MWh）}$$

$$\text{实时分时均价}=\frac{\text{机组 A 实际电量}\times\text{实时电价}+\text{机组 B 实际电量}\times\text{实时电价}}{\text{机组 A 实际电量}+\text{机组 B 实际电量}}$$

$$=\frac{70\times700+250\times750}{70+250}$$

$$=739.06\text{（元 /MWh）}$$

（2）

机组 A 结算电费 = 中长期合约电费 + 日前偏差电费 + 实时偏差电费
= 中长期合约电量 ×（中长期合约价格 + 日前市场节点电价 – 日前统一结算点电价）+（日前出清电量 – 中长期合约电量）× 日

前出清电价 +（实际上网电量—日前出清电量）× 实时出清电价

= 100 ×（400+500−574.19）+（80−100）× 500+（70−80）× 700

= 15581（元）

用户 X 结算电费 = 中长期电费 + 日前偏差电费 + 实时偏差电费

= 中长期合约电量 ×（中长期合约价格＋日前市场统一结算点电价 − 中长期结算参考点现货电价）+（日前申报电量 − 中长期合约电量）× 日前分时均价 +（实际用电量 − 日前申报电量）× 实时分时均价

= 80 ×（400+574.19−574.19）+（50−80）× 574.19+（70−50）× 739.06

= 29555（元）

7.（1）大用户结算电价 = 成交电价 + 网损折算电价 + 输配电价 + 政府性基金及附加 =578（元 /MWh）

（2）发电企业让利空间 = 批复上网电价 − 成交电价 =10 元 /MWh

（3）大用户收益价格空间 = 大用户目录电价 − 大用户结算电价 =22 元 /MWh

8. A 省购电电价折算到 B 省外送电价格 =0.45−0.025−0.005=0.420（元 /kWh）< B 省电厂外送报价 0.425 元 /kWh，故 B 省没有中标；

A 省购电电价折算到 C 省外送电价格 =0.45−0.020−0.005=0.425（元 /kWh）= C 省电厂外送报价 0.425 元 /kWh，故 C 省中标，C 省外送电中标电量 3 亿 kWh，电厂外送中标电价 0.425 元 /kWh。

9. 根据传导法，电力用户参与直接交易后的用电价格为：0.47−0.03=0.44（元 /kWh）；

直接交易收取的输配电价为：0.44−0.32=0.12（元 /kWh），保持不变。

10. 因为节点电价定义是在该节点增加 1MW 用电负荷给整个系统带来的成本增加量。举例来说，为了满足某节点增加 1MW 用电，由于网络阻塞原因需要增加 A 电厂出力 10MW，减少 B 电厂出力 9MW。假设 A 电厂报价为 500 元 /MWh，B 电厂报价为 400 元 /MWh，那么系统增加的成本为：500 × 10−400 × 9=1400（元 /MWh），这就是该节点的节点电价。可见，尽管 A 电厂和 B 电厂报价均未超过限价，但是节点电价却超出了限价。

11.（1）售电公司与零售用户约定各时段计划价格，零售用户各时段实际用电量按对应时段价格结算。

（2）零售用户第 a 时段电费：

零售用户第 a 时段电费 = 实际用电量 × 计划电价

零售用户第 A 日电费：

零售用户 A 日电费 =（第 a 时段电费）

（3）

时段	实际用电量（MWh）	计划电价（元 /MWh）	电费计算过程	电费（元）
0:00 ~ 1:00	200	300	200 × 300	60000
1:00 ~ 2:00	200	300	200 × 300	60000
2:00 ~ 3:00	200	300	200 × 300	60000
3:00 ~ 4:00	200	300	200 × 300	60000
4:00 ~ 5:00	200	300	200 × 300	60000
5:00 ~ 6:00	200	300	200 × 300	60000
6:00 ~ 7:00	200	300	200 × 300	60000
7:00 ~ 8:00	100	500	100 × 500	50000
8:00 ~ 9:00	100	500	100 × 500	50000
9:00 ~ 10:00	400	200	400 × 200	80000
10:00 ~ 11:00	400	200	400 × 200	80000
11:00 ~ 12:00	400	200	400 × 200	80000
12:00 ~ 13:00	400	200	400 × 200	80000
13:00 ~ 14:00	400	200	400 × 200	80000
14:00 ~ 15:00	400	200	400 × 200	80000
15:00 ~ 16:00	400	200	400 × 200	80000
16:00 ~ 17:00	400	200	400 × 200	80000
17:00 ~ 18:00	100	500	100 × 500	50000
18:00 ~ 19:00	100	500	100 × 500	50000
19:00 ~ 20:00	100	500	100 × 500	50000
20:00 ~ 21:00	100	500	100 × 500	50000
21:00 ~ 22:00	100	500	100 × 500	50000
22:00 ~ 23:00	100	500	100 × 500	50000
23:00 ~ 24:00	200	300	200 × 300	60000
合计			—	1520000

12.（1）售电公司与零售用户约定各时段计划电量及计划电价，约定超用电价及少用考核电价（少用考核电价≤计划电价 50%），约定零售用户允许正负偏差范围。零售用户正偏差范围以内的电量按计划电价结算，超出正偏差以外的电量按超用电价结算；负偏差范围以内的电量不考核，超出负偏差范围以外的电量按少用考核电价结算。

（2）零售用户第 a 时段电费：

1）实际用电量大于计划电量：

如，计划电量＜实际用电量≤计划电量允许正偏范围，则

零售用户第 a 时段电费 = 实际用电量 × 计划电价

如，计划电量允许正偏范围＜实际用电量，则

零售用户第 a 时段电费 =［计划电量 ×（1+ 允许偏差范围 %）× 计划电价］+［实际用电量 – 计划电量 ×（1+ 允许偏差范围 %）］× 超用电价

2）实际用电量小于计划电量：

如，计划电量允许负偏范围＜实际用电量＜计划电量，则

零售用户第 a 时段电费 = 实际用电量 × 计划电价

如，实际用电量＜计划电量允许负偏范围，则

零售用户第 a 时段电费 =（实际用电量 × 计划电价）+［计划电量 ×（1– 允许偏差范围 %）– 实际用电量］× 少用电价

零售用户第 A 日电费：

零售用户 A 日电费 =（第 a 时段电费）

（3）

时段	计划电量（MWh）	计划电价（元/MWh）	超用电价（元/MWh）	允许正偏差范围（%）	实际用电量（MWh）	电费计算过程	电费（元）
0:00 ~ 1:00	200	300	310	10	230	200 × 110% × 300+（230–200 × 110%）× 310	69100
1:00 ~ 2:00	200	300	310	10	230	200 × 110% × 300+（230–200 × 110%）× 310	69100
2:00 ~ 3:00	200	300	310	10	230	200 × 110% × 300+（230–200 × 110%）× 310	69100
3:00 ~ 4:00	200	300	310	10	230	200 × 110% × 300+（230–200 × 110%）× 310	69100
4:00 ~ 5:00	200	300	310	10	230	200 × 110% × 300+（230–200 × 110%）× 310	69100
5:00 ~ 6:00	200	300	310	10	230	200 × 110% × 300+（230–200 × 110%）× 310	69100
6:00 ~ 7:00	200	300	310	10	230	200 × 110% × 300+（230–200 × 110%）× 310	69100

续表

时段	计划电量（MWh）	计划电价（元/MWh）	超用电价（元/MWh）	允许正偏差范围（%）	实际用电量（MWh）	电费计算过程	电费（元）
7:00 ~ 8:00	100	500	510	10	120	100 × 110% × 500+（120−100 × 110%）× 510	60100
8:00 ~ 9:00	100	500	510	10	120	100 × 110% × 500+（120−100 × 110%）× 510	60100
9:00 ~ 10:00	400	200	210	10	450	400 × 110% × 200+（450−400 × 110%）× 210	90100
10:00 ~ 11:00	400	200	210	10	450	400 × 110% × 200+（450−400 × 110%）× 210	90100
11:00 ~ 12:00	400	200	210	10	450	400 × 110% × 200+（450−400 × 110%）× 210	90100
12:00 ~ 13:00	400	200	210	10	450	400 × 110% × 200+（450−400 × 110%）× 210	90100
13:00 ~ 14:00	400	200	210	10	450	400 × 110% × 200+（450−400 × 110%）× 210	90100
14:00 ~ 15:00	400	200	210	10	450	400 × 110% × 200+（450−400 × 110%）× 210	90100
15:00 ~ 16:00	400	200	210	10	450	400 × 110% × 200+（450−400 × 110%）× 210	90100
16:00 ~ 17:00	400	200	210	10	450	400 × 110% × 200+（450−400 × 110%）× 210	90100
17:00 ~ 18:00	100	500	510	10	120	100 × 110% × 500+（120−100 × 110%）× 510	60100
18:00 ~ 19:00	100	500	510	10	120	100 × 110% × 500+（120−100 × 110%）× 510	60100
19:00 ~ 20:00	100	500	510	10	120	100 × 110% × 500+（120−100 × 110%）× 510	60100
20:00 ~ 21:00	100	500	510	10	120	100 × 110% × 500+（120−100 × 110%）× 510	60100
21:00 ~ 22:00	100	500	510	10	120	100 × 110% × 500+（120−100 × 110%）× 510	60100

续表

时段	计划电量（MWh）	计划电价（元/MWh）	超用电价（元/MWh）	允许正偏差范围（%）	实际用电量（MWh）	电费计算过程	电费（元）
22:00～23:00	100	500	510	10	120	100×110%×500+（120−100×110%）×510	60100
23:00～24:00	200	300	310	10	230	200×110%×300+（230−200×110%）×310	69100
合计	—	—	—	—	—	—	1754400

（4）

时段	计划电量（MWh）	计划电价（元/MWh）	少用电价（元/MWh）	允许负偏差范围（%）	实际电量（MWh）	电费计算过程	电费（元）
0:00～1:00	200	300	30	10	170	170×300+200×（1−10%）−170×30	51300
1:00～2:00	200	300	30	10	170	170×300+200×（1−10%）−170×30	51300
2:00～3:00	200	300	30	10	170	170×300+200×（1−10%）−170×30	51300
3:00～4:00	200	300	30	10	170	170×300+200×（1−10%）−170×30	51300
4:00～5:00	200	300	30	10	170	170×300+200×（1−10%）−170×30	51300
5:00～6:00	200	300	30	10	170	170×300+200×（1−10%）−170×30	51300
6:00～7:00	200	300	30	10	170	170×300+200×（1−10%）−170×30	51300
7:00～8:00	100	500	50	10	80	80×500+100×（1−10%）−80×50	40500
8:00～9:00	100	500	50	10	80	80×500+100×（1−10%）−80×50	40500
9:00～10:00	400	200	20	10	350	350×220+400×（1−10%）−350×20	77200

续表

时段	计划电量（MWh）	计划电价（元/MWh）	少用电价（元/MWh）	允许负偏范围（%）	实际电量（MWh）	电费计算过程	电费（元）
10:00 ~ 11:00	400	200	20	10	350	350 × 220+400 ×（1−10%）−350 × 20	77200
11:00 ~ 12:00	400	200	20	10	350	350 × 220+400 ×（1−10%）−350 × 20	77200
12:00 ~ 13:00	400	200	20	10	350	350 × 220+400 ×（1−10%）−350 × 20	77200
13:00 ~ 14:00	400	200	20	10	350	350 × 220+400 ×（1−10%）−350 × 20	77200
14:00 ~ 15:00	400	200	20	10	350	350 × 220+400 ×（1−10%）−350 × 20	77200
15:00 ~ 16:00	400	200	20	10	350	350 × 220+400 ×（1−10%）−350 × 20	77200
16:00 ~ 17:00	400	200	20	10	350	350 × 220+400 ×（1−10%）−350 × 20	77200
17:00 ~ 18:00	100	500	50	10	80	80 × 500+100 ×（1−10%）−80 × 50	40500
18:00 ~ 19:00	100	500	50	10	80	80 × 500+100 ×（1−10%）−80 × 50	40500
19:00 ~ 20:00	100	500	50	10	80	80 × 500+100 ×（1−10%）−80 × 50	40500
20:00 ~ 21:00	100	500	50	10	80	80 × 500+100 ×（1−10%）−80 × 50	40500
21:00 ~ 22:00	100	500	50	10	80	80 × 500+100 ×（1−10%）−80 × 50	40500
22:00 ~ 23:00	100	500	50	10	80	80 × 500+100 ×（1−10%）−80 × 50	40500
23:00 ~ 24:00	200	300	30	10	170	170 × 300+200 ×（1−10%）−170 × 30	51300
合计	—	—	—	—	—	—	1352000

13.（1）售电公司与零售用户约定用户各时段计划用电量及计划电价，偏差结算价格按批发侧偏差结算价格执行。零售用户计划电量按计划电价结算，实际用电量

与计划电量偏差的部分按对应时段批发侧偏差结算价格进行结算。

（2）零售用户第 a 时段电费：

零售用户第 a 时段电费 =（计划电量 × 计划电价）+（实际用电量 – 计划电量）× 批发侧偏差结算价格

零售用户第 A 日电费：

$$零售用户 A 日电费 = \sum_{a=1}^{24}（第 a 时段电费）$$

（3）

时段	计划电量（MWh）	计划电价（元 / MWh）	偏差结算价格（元 /MWh）	实际电量（MWh）	电费计算过程	电费（元）
0:00 ~ 1:00	200	300	310	230	200 × 300+（230–200）× 310	69300
1:00 ~ 2:00	200	300	310	230	200 × 300+（230–200）× 310	69300
2:00 ~ 3:00	200	300	310	230	200 × 300+（230–200）× 310	69300
3:00 ~ 4:00	200	300	310	230	200 × 300+（230–200）× 310	69300
4:00 ~ 5:00	200	300	310	230	200 × 300+（230–200）× 310	69300
5:00 ~ 6:00	200	300	310	230	200 × 300+（230–200）× 310	69300
6:00 ~ 7:00	200	300	310	230	200 × 300+（230–200）× 310	69300
7:00 ~ 8:00	100	500	510	120	100 × 500+（120–100）× 510	60200
8:00 ~ 9:00	100	500	510	120	100 × 500+（120–100）× 510	60200
9:00 ~ 10:00	400	200	210	450	400 × 200+（450–400）× 210	90500
10:00 ~ 11:00	400	200	210	450	400 × 200+（450–400）× 210	90500
11:00 ~ 12:00	400	200	210	450	400 × 200+（450–400）× 210	90500
12:00 ~ 13:00	400	200	210	450	400 × 200+（450–400）× 210	90500
13:00 ~ 14:00	400	200	210	450	400 × 200+（450–400）× 210	90500
14:00 ~ 15:00	400	200	210	450	400 × 200+（450–400）× 210	90500
15:00 ~ 16:00	400	200	210	450	400 × 200+（450–400）× 210	90500
16:00 ~ 17:00	400	200	210	450	400 × 200+（450–400）× 210	90500
17:00 ~ 18:00	100	500	510	120	100 × 500+（120–100）× 510	60200
18:00 ~ 19:00	100	500	510	120	100 × 500+（120–100）× 510	60200
19:00 ~ 20:00	100	500	510	120	100 × 500+（120–100）× 510	60200
20:00 ~ 21:00	100	500	510	120	100 × 500+（120–100）× 510	60200
21:00 ~ 22:00	100	500	510	120	100 × 500+（120–100）× 510	60200

续表

时段	计划电量（MWh）	计划电价（元 /MWh）	偏差结算价格（元 /MWh）	实际电量（MWh）	电费计算过程	电费（元）
22:00 ~ 23:00	100	500	510	120	100 × 500+（120–100）× 510	60200
23:00 ~ 24:00	200	300	310	230	200 × 330+（300–200）× 320	69300
合计	—	—	—	—	—	1760000

14.（1）售电公司与零售用户约定用户各时段用电电价、售电公司各时段批发侧交易基准均价（包括年、月、旬、日在内的中长期交易）、价差分成比例。售电公司批发侧实际交易均价（由交易中心核算）与基准均价的价差部分，按照双方约定的分成比例共享或分摊。如选取此套餐，视为该售电公司同意将批发市场实际交易均价向对应用户公布。

（2）零售用户第 a 时段电费：

零售用户第 a 时段电费 = 实际用电量 ×［用电电价 –（售电公司批发基准均价 – 售电公司批发实际均价）× 分成比例］

零售用户第 A 日电费：

$$零售用户 A 日电费 = \sum_{a=1}^{24}（第 a 时段电费）$$

（3）

时段	实际用电量（MWh）	用电电价（元 /MWh）	售电公司批发交易基准均价（元 /MWh）	分成比例（零售用户：售电公司）	售电公司实际批发交易均价（元 /MWh）	电费计算过程	电费（元）
0:00 ~ 1:00	230	300	290	4 : 6	280	230 ×［300–（290–280）× 40%］	68080
1:00 ~ 2:00	230	300	290	4 : 6	280	230 ×［300–（290–280）× 40%］	68080
2:00 ~ 3:00	230	300	290	4 : 6	280	230 ×［300–（290–280）× 40%］	68080
3:00 ~ 4:00	230	300	290	4 : 6	280	230 ×［300–（290–280）× 40%］	68080
4:00 ~ 5:00	230	300	290	4 : 6	280	230 ×［300–（290–280）× 40%］	68080

续表

时段	实际用电量（MWh）	用电电价（元 / MWh）	售电公司批发交易基准均价（元 /MWh）	分成比例（零售用户：售电公司）	售电公司实际批发交易均价（元 /MWh）	电费计算过程	电费（元）
5:00 ~ 6:00	230	300	290	4 : 6	280	230×［300–（290–280）×40%］	68080
6:00 ~ 7:00	230	300	290	4 : 6	280	230×［300–（290–280）×40%］	68080
7:00 ~ 8:00	120	500	490	4 : 6	500	120×［500–（490–500）×40%］	60480
8:00 ~ 9:00	120	500	490	4 : 6	500	120×［500–（490–500）×40%］	60480
9:00 ~ 10:00	450	200	190	4 : 6	180	450×［200–（190–180）×40%］	88200
10:00 ~ 11:00	450	200	190	4 : 6	180	450×［200–（190–180）×40%］	88200
11:00 ~ 12:00	450	200	190	4 : 6	180	450×［200–（190–180）×40%］	88200
12:00 ~ 13:00	450	200	190	4 : 6	180	450×［200–（190–180）×40%］	88200
13:00 ~ 14:00	450	200	190	4 : 6	180	450×［200–（190–180）×40%］	88200
14:00 ~ 15:00	450	200	190	4 : 6	180	450×［200–（190–180）×40%］	88200
15:00 ~ 16:00	450	200	190	4 : 6	180	450×［200–（190–180）×40%］	88200
16:00 ~ 17:00	450	200	190	4 : 6	180	450×［200–（190–180）×40%］	88200
17:00 ~ 18:00	120	500	490	4 : 6	500	120×［500–（490–500）×40%］	60480
18:00 ~ 19:00	120	500	490	4 : 6	500	120×［500–（490–500）×40%］	60480
19:00 ~ 20:00	120	500	490	4 : 6	500	120×［500–（490–500）×40%］	60480

续表

时段	实际用电量（MWh）	用电电价（元/MWh）	售电公司批发交易基准均价（元/MWh）	分成比例（零售用户：售电公司）	售电公司实际批发交易均价（元/MWh）	电费计算过程	电费（元）
20:00 ~ 21:00	120	500	490	4 : 6	500	120×［500–（490–500）×40%］	60480
21:00 ~ 22:00	120	500	490	4 : 6	500	120×［500–（490–500）×40%］	60480
22:00 ~ 23:00	120	500	490	4 : 6	500	120×［500–（490–500）×40%］	60480
23:00 ~ 24:00	230	300	290	4 : 6	280	230×［300–（290–280）×40%］	68080
合计	—	—	—	—	—	—	1734080

15.

$$135692\times10^3\times0.8/10^6=108.5536（万元）$$

$$26791\times10^3\times5/10^6=133.955（万元）$$

由于 108.5536 万元＜ 133.955（万元），因此该售电公司按照售电公司管理办法要求应提交的履约保函、履约保证保险额度为 133.955 万元。

参 考 文 献

[1] 丹尼尔，戈兰，朱治中．电力系统经济学原理［M］．北京：中国电力出版社，2007．
[2] 侯云鹤．电力系统的群体智能优化及电力市场稳定研究［D］．武汉：华中科技大学，2005．
[3] 曾次玲．电力市场中发电企业的报价策略及相关问题研究［D］．武汉：华中科技大学，2005．
[4] 鲁丽娟．电力市场中市场力相关问题研究［D］．武汉：华中科技大学，2004．
[5] 朱道林．招拍挂不能走回头路［J］．城市开发，2010(4)：68-69．
[6] 陈虹，吕忠梅．经济法原理新说之一：国家干预［J］．法学论坛，2003，18(4)：54-60．
[7] 何文龙．试论经济法的本质［J］．知识经济：康健，2007(11)：24-24．
[8] 闫海．经济法调整对象的经济学研究——从国家与市场经济角度的思考［J］．研究生法学，2001(2)：38-43．
[9] 何自云．等价交换与双赢合作［J］．中国金融，2010(23)：96-96．
[10] 潘连柏，徐艳兰．西方经济学［M］．上海：上海财经大学出版社，2017．
[11] 陈孝兵．论企业的经济自由及其限度［J］．江淮论坛，2005(5)：5-11．
[12] 谭韬．电力市场动态演化及其混沌控制研究［D］．长沙：长沙理工大学，2009．
[13] 江奔东．论资源配置的政府调控［J］．山东社会科学，2002(4)：29-34．
[14] 高鸿业．西方经济学．微观部分：名师导读版［M］．北京：中国人民大学出版社，2015．
[15] 张利．电力市场概论［M］．北京：机械工业出版社，2014．
[16] Battamir E．基于电力经济学原理的蒙古电力市场设计与购电决策研究［D］．北京：北京交通大学，2020．
[17] 杨旭华．供电企业顾客满意度研究［D］．天津：天津大学，2004．
[18] Thomas，Christopher，Maurice，S．Charles．管理经济学［M］．北京：机械工业出版社，2018．
[19] 訾学辉．高比例可再生能源并网下的调峰调频机制研究［D］．济南：山东大学，2018．
[20] 汤瑞欣．电力市场中博弈行为智能化研究［D］．广州：广东工业大学，2021．
[21] 刘文琼．电力市场下发电商报价行为的随机分布模型研究［D］．重庆：重庆大学，2010．

[22] 李瑞庆，谢敬东，王磊．电力商品的特性对电力市场建设的影响与展望［J］．华东电力，2009，37（1）：73–77.

[23] 王权．基于多时间尺度耦合的电力市场交易结算模式研究［D］．吉林：东北电力大学，2021.

[24] 中国电力企业联合会．坚持正确方向稳妥有序推进售电侧改革［J］．中国电力企业管理，2016（2）：3.

[25] 程杰．电力市场中电力系统可靠性评估分析［D］．保定：华北电力大学，2014.

[26] 吴兴华，周晖．基于减法聚类及自适应模糊神经网络的短期电价预测［J］．电网技术，2007，31（19）：69–73.

[27] 金璐．四川辖区大用户直购电试点研究［D］．成都：西南交通大学，2005.

[28] 姜苗芬．论我国电力法律基本制度——兼论我国电力法修改与完善［C］．资源节约型、环境友好型社会建设与环境资源法的热点问题研究——2006 年全国环境资源法学研讨会论文集（二）．中国法学会环境资源法学研究会，中国法学会环境资源法学研究会，2006：7.

[29] 窦文彤．制度经济学视角下的信访制度研究［D］．济南：山东大学，2012.

[30] 杨生叶，王其兵．非竞价市场中的电力交易［J］．太原科技，2009（9）：69–70.

[31] 黄仁辉，张粒子，王茜，等．输电冗余对现代电力市场效率的影响研究（一）——现代电力市场效率与交易成本理论［J］．现代电力，2010，27（3）：75–79.

[32] 叶泽．电价理论与方法的组合应用［J］．中国电力企业管理，2014（11）：32–36.

[33] 黄仁辉．电力金融市场微观结构理论与实现路径研究［D］．北京：华北电力大学，2010.

[34] 谭真勇．负荷率电价的理论依据、计算方法与政策选择［D］．长沙：湖南大学，2013.

[35] 万仲平，肖昌育，王先甲，等．不确定市场下的一种二层规划最优竞价模型［J］．电力系统自动化，2004，28（19）：12–16.

[36] 赵紫原．我国将逐步取消工商业目录电价［N］．中国能源报，2020–04–20（012）.

[37] 李亚昕．电改环境下计及售电公司风险的 DSM 分时电价优化研究［D］．长沙：湖南大学，2020.

[38] 叶泽．电力电量平衡的经济学分析［J］．中国电力企业管理，2020（28）：36–41.

[39] 杨丽彬，赵霞，叶泽，等．区域电网两部制输电价格的科学设计与合理应用——基于两部制定价“产量扩大效应”的理论诠释［J］．价格理论与实践，2022（12）：8–12，65.

[40] 赵紫原．目录电价“解绑”影响几何［N］．中国能源报，2021–10–25（011）.

[41] 黄波．电力产业零售环节改革初探［D］．杭州：浙江大学，2006.

[42] 艾东平．电力市场发电权交易及相关问题的研究［D］．北京：华北电力大学，2011.

[43] 王维超，薛宇，李更丰，等．电力能效统筹的市场交易体系及保障机制研究．［J］．电网与清洁能源．2017，33（2）：1–7.

[44] 宋学强，马成林，张怡，等. 电力交易实践当中存在的问题及对策研究 [J]. 电力设备管理，2021(7): 151–152.
[45] 董超，黄筱婴. 美国 PJM 电力市场及对广东电力改革的启示 [J]. 云南电力技术，2017，45 (1): 16–20.
[46] 孙建平，戴铁潮. 北欧电力市场发展概况 [J]. 华东电力，2006，34 (12): 60–65.
[47] 范孟华，马莉. 英国的低碳电改 [J]. 国家电网，2014，(9): 68–71.
[48] 李博，朱元成. 北欧电力市场辅助服务 [J]. 中国电力，2008(4): 88–92.
[49] 王子强，李豹，杜哲宇，等. PJM 电力市场风险管控措施及对南方区域的建议 [J]. 南方电网技术，2024 18 (01): 28–37，68.
[50] 黄会，唐捷，周海浪，等. 国外电力市场化改革发展以及对中国的启示 [J]. 中国市场，2019 (5): 3.
[51] 杨明宇. 私募股权投资中对赌协议性质与合法性探析——兼评海富投资案 [J]. 证券市场导报，2014，(02): 61–71.
[52] 苏赉. 售电侧放开下电力市场化交易模式研究 [D]. 武汉：湖北工业大学，2020.
[53] 彭华涛，高维义. 高科技企业创业社会网络期权模型分析 [J]. 武汉理工大学学报，2006(02): 131–133.
[54] 陈建华. 中长期差价合同分解及相关问题的研究 [D]. 杭州：浙江大学，2008.
[55] 马莉，范孟华，郭磊，等. 国外电力市场最新发展动向及其启示 [J]. 电力系统自动化，2014，38 (13): 1–9.
[56] 赵青，吴倩妮. 基于套期保值业务的期货、期权问题研究 [J]. 中小企业管理与科技，2013 (03): 88–89，90.
[57] 张瑞友，韩水，张近朱，等. 一种适用于我国电力市场的输电定价方法 [J]. 中国电机工程学报，2008，28 (4): 78–8.
[58] 张森林，张尧，陈皓勇. 大用户直购电国内外交易实践及成功经验 [J]. 华东电力，2009，37 (06): 993–998.
[59] 余娜，霍悦. 从追赶到领跑 中国迈向电力强国 [N]. 中国工业报，2019-09-19 (A1).
[60] 段钦. 电力市场改革下重庆 L 水电公司营销管理研究 [D]. 重庆：重庆师范大学，2018.
[61] 黄晓锦. 我国新电改方案下电力行业相关市场界定研究 [J]. 中国物价，2015 (3): 7–9.
[62] 刘敦楠，许小峰，李根柱，等. 考虑供需不确定性与价格波动的电网企业代理购电优化决策 [J]. 电网技术，2023，47 (7): 2691–2702.
[63] 马莉. 建设全国统一电力市场，开启电力行业新局面 [J]. 财经界，2022 (5): 6–7.
[64] 俞庆. 电力市场化加速推进 激活售电侧价值竞争 [J]. 中国电力企业管理，2021

（34）：36-39.

［65］ 高硕．从时间颗粒度审视电力市场体系建设方向［J］．风能，2022，（4）：12-14.

［66］ 郑世林，汪亚楠．我国电力改革期间电网企业生产率变化研究［J］．中国社会科学院研究生院学报，2015（6）：42-49.

［67］ 钟声．全国电力市场体系建设面临的矛盾与相关建议［J］．中国电力企业管理，2022（4）：26-29.

［68］ 张运洲，刘俊，张晋芳，等．中国新能源"后补贴时期"发展分析［J］．中国电力，2019，52（4）：1-7.

［69］ 姚雪青．跨省发电权买卖，双赢！［J］．新能源经贸观察，2018（5）：2.

［70］ 严亚男．水电参与南方区域电力市场交易的若干问题研究［D］．昆明：昆明理工大学，2006.

［71］ 王英鑫．基于最优化算法的发电企业竞价策略研究［D］．北京：华北电力大学，2010.

［72］ 吴文卓．电力市场分时段耦合交易机制及其效益研究［D］．北京：华北电力大学，2021.

［73］ 王权．基于多时间尺度耦合的电力市场交易结算模式研究［D］．吉林：东北电力大学，2021.

［74］ 周建华．两步分时段电价收费的经济分析［J］．企业经济，2004（6）：54-56.

［75］ 黄建安，王志萍．基于销售策略的配电电价模型［J］．中国电业（技术版），2013（4）：53-56.

［76］ 陈达，张靖，杨艳．基于博弈论的入网电动汽车最优经济调度优化［J］．贵州电力技术，2016，19（3）：9-12.

［77］ 陈校．某办公楼配电变压器选择及技术经济评价［J］．智能建筑电气技术，2014，8（5）：75-80，98.

［78］ 陈清瑞．两部制电价制度与改进策略［J］．发展改革理论与实践，2008（9）：7-8.

［79］ 陈炜．优化计费模式降低牵引电费支出［J］．中小企业管理与科技，2016（23）：54-55.

［80］ 陈传彬，杨首晖，王良缘，等．国外电力期货产品设计逻辑及其对我国启示［J］．价格理论与实践，2020（2）：51-54，174.

［81］ 张森林，孙延明，张尧．南方电力市场省间合约转让与置换交易机制研究［J］．电网技术，2012，36（12）：262-268.

［82］ 刘瑞丰，祁小芳，贺元康，等．中国西北地区电力市场和清洁能源交易运营绩效分析［J］．中国电力，2022，55（1）：159-167.

［83］ 郭晓慧．基于交易行为的售电公司信用风险测度与防控机制研究［D］．北京：华北电力大学，2022.

[84] 董红，刘文革，朱志芳. 输配电价改革对广州电网规划的影响及应对策略 [J]. 广东电力，2016，29 (5): 42-45，66.

[85] 张钦. 有关我国电价改革的几点探讨 [J]. 能源技术经济，2011，23 (2): 20-26.

[86] 王彦，张建辉. 能源价格市场化路径研究——以陕西省为例 [J]. 咸阳师范学院学报，2017，32 (6): 61-65.

[87] 邢国忠. 浅谈供电局的线损管理 [J]. 中国新技术新产品，2013 (3): 174-174.

[88] 孙大雁，关立，胡晨旭，等. 省间电力现货交易机制设计与探索 [J]. 电网技术，2022，46 (2): 421-428.

[89] 朱继忠. 美国电力市场的发展和实现方法分析 [J]. 南方电网技术，2016，10 (5): 22-28，101.

[90] 张紫鹤. 市场机制下基于随机生产模拟的新能源消纳能力研究 [D]. 重庆：重庆大学，2021.

[91] 崔甲婧. 电力现货市场下某燃煤电厂成本控制研究 [D]. 太原：太原理工大学，2022.

[92] 魏莉. 市场环境下区域电网输电定价方法探讨 [J]. 会计之友，2021，000 (21): 39-43.

[93] 唐成鹏. 引入强化学习的电力市场均衡分析方法及其应用研究 [D]. 北京：华北电力大学，2022.

[94] 王蕾. 发电企业现货报价策略模型的构建 [J]. 山东电力技术，2021，48 (12): 77-82.

[95] 龚钢军，王慧娟，张桐，等. 基于区块链的电力现货交易市场研究 [J]. 中国电机工程学报，2018，38 (23): 6955-6966.

[96] 马靖宇，刘继春，刘俊勇. 一种基于曲线匹配的电量分配交易模型 [C]. 中国电机工程学会电力市场专委会 2018 年年会论文集，2018: 1-6.

[97] 景志林，商敬男，燕兆，等. 提升新能源发电企业省间电力现货交易价值的研究 [J]. 中国能源，2022，44 (7): 74-80.

[98] 陈筱中，刘伟，刘宇明，等. 基于山东电力现货市场的新能源电站盈亏策略研究 [J]. 山东电力技术，2022，49 (10): 53-59.